U0563707

新时期体育文化的传播与多元发展探索

纪本平　著

图书在版编目(CIP)数据

新时期体育文化的传播与多元发展探索 / 纪本平著
. -- 北京 : 中国书籍出版社, 2022.3
ISBN 978-7-5068-8958-2

Ⅰ.①新… Ⅱ.①纪… Ⅲ.①体育文化－文化发展－研究－中国 Ⅳ.①G80-054

中国版本图书馆CIP数据核字（2022）第042836号

新时期体育文化的传播与多元发展探索

纪本平 著

丛书策划 谭 鹏 武 斌
责任编辑 杨铠瑞
责任印制 孙马飞 马 芝
封面设计 东方美迪
出版发行 中国书籍出版社
地 址 北京市丰台区三路居路97号(邮编：100073)
电 话 （010）52257143（总编室） （010）52257140（发行部）
电子邮箱 eo@chinabp.com.cn
经 销 全国新华书店
印 厂 三河市德贤弘印务有限公司
开 本 710毫米×1000毫米 1/16
字 数 191千字
印 张 9
版 次 2023年1月第1版
印 次 2023年1月第1次印刷
书 号 ISBN 978-7-5068-8958-2
定 价 70.00元

目录

第一章　体育文化传播研究

体育文化是人类体育运动的物质文化、制度文化及精神文化的总和，包括体育物质条件、体育情感、体育道德、体育价值以及体育制度等内容。丰富多彩的体育文化是人类文明的发展成果，是人类创造的宝贵财富，对促进社会进步与推动人类全面发展具有重要意义。体育文化建设与发展的广度与深度是由全方位、多角度的体育文化传播所决定的，因此，必须重视对体育文化传播的研究，推动体育文化在新时期的现代化传播。本章主要对体育文化及其传播展开研究，首先，阐述体育文化的基础理论，然后，着重探讨体育文化的传播理论、传播内容与载体以及新媒体时代的传播策略，从而为体育文化的广泛与深入传播提供科学指导。

第一节　体育文化概述

一、体育文化的概念

（一）文化

人类在改造自然的过程中，对社会活动的思想认识及参与实践的总和就是所谓的文化。文化既包括人类创造的外在产品，也包括人类本身的身心素养、思想观念以及智力等因素。

人是文化的中心，不管是什么文化现象，从根本上来说都可以归结为是人的现象。某种意义上而言，“文化”与“人化”基本可以等同，从这个角度来看，我们也可以将文化的本质理解为“人的本质”。

人类在认识主客观世界并对其加以改造的过程中，其思想与精神的普遍化或外化就是所谓的“人化”。人类既要与自然作斗争，又要依赖于自然才能生存与发展，这是人类的天性与命运。人类要战胜与超越自然，首先要战胜自己，超越自己，这是最基本的前提条件。人类战胜、超越自己和自然的过程就是人化过程，也就是人类的文化过程。

（二）体育文化

体育是一种特殊的社会文化现象，基于这一认识，体育文化作为综合所有体育活动的上位概念便应运而生。最初有学者将体育文化解释为“身体文化”。19世纪末，学术界对“身体文化”的使用越来越普遍，并对其进行了较为广泛的解释，比较常见的解释是身体文化就是“身体锻炼规律”。20世纪以来，越来越多的学者开始研究身体文化，并做出了更加多样化的解释与阐述。有学者指出身体文化即身体锻炼；也有学者指出身体文化是人为的体育形式，其不同于自然的运动形式，可以将其理解为一种身体运动体系，以增强体力和增进健康为宗旨，这个观点得到了现代奥运会创始人顾拜旦的认可。《体育运动词汇》（尼克·阿莱克塞博士主编，1974）一书是这样定义体育文化的：“广义文化的一个组成部分，它综合各种利用身体锻炼来提高人的生物学和精神潜力的范畴、规律、制度和物质设施。”①

关于体育文化的概念，不同学者的研究角度不同，界定也就不同，下面简单介绍三种具有代表性的观点。

第一，一些学者对体育文化的界定是基于物质与精神的二元关系而进行的。他们指出，与体育运动有关的所有物质文明和精神文明的总和就是所谓的体育文化，这些物质文明和精神文明是人类在社会实践中所创造的和体育有关的物质与精神财富。

第二，也有学者在定义体育文化时借用了文化结构主义，主要代表学者是卢元镇教授，他这样定义体育文化：“体育文化是与体育运动相关的所有物质文化、制度文化和精神文化的总和。”②他还指出，体育物质条件、体育认识、体育情感、体育道德、体育价值以及体育制度等是体育文化的基本内容。

第三，还有一些学者在界定体育文化的概念时运用了狭义的文化概念，他们主张只在精神领域研究体育文化的内涵和外延，认识体育文化是人类体育活动实践中与活动主体精神生活密切相关的那些内容。

上面几种具有代表性的观点中，卢元镇教授提出的体育文化定义受到普遍认可，同时被广泛应用于关于体育文化的理论研究和实践中。

---

① 王春.体育文化传播教程[M].沈阳：东北财经大学出版社，2017.

② 卢元镇.中国体育社会学[M].北京：北京体育大学出版社，1998.

二、体育文化的特征

（一）身体活动性

有学者将“体育”的概念界定为“人的身体活动的总和”。但体育文化不仅指向人的身体，还指向人的心理，是人们对自己身心加以改造的文化。不管是竞技体育、大众体育锻炼还是学校体育活动，人的肢体活动都是必不可少的，这便体现了体育文化的健身性特征和健康价值。

体育范畴内的身体活动以展现人体美、愉悦身心、强身健体等为主要目的，所以说，人们参加体育活动的过程也是“优化”与“发展”自己身体的过程。

此外，在竞技体育中，身体活动也是一个最基本的表现特征。竞技体育本身充满挑战、对抗，竞争十分激烈，因此，竞技体育范畴下的身体活动能够最大程度地发挥身体机能水平和技能水平。

体育也是一种特殊的教育，是关于强身健体的教育，是以身体活动为基本手段的教育过程，这也充分反映了体育具有“身体活动性”这一基本特征。

（二）游戏与娱乐性

关于体育的起源中，有一种“游戏起源说”，也就是说体育起源于游戏，是从游戏发展而来的。游戏对人的身心健康有重要意义，当游戏的这一价值被人们认识到之后，人们便会有意识地参与游戏活动，并不断传播游戏，使游戏变得普遍甚至是普及。起源于游戏的体育兼具游戏性与娱乐性，或者说体育既是游戏活动，也是娱乐活动，人类最早的社会活动中就包括体育游戏这一内容与方式。早期人们参与体育类游戏不仅是为了增强体力，也是为了娱乐和放松。

娱乐活动是人类身体文化的重要组成部分之一，人们以身体活动为手段而进行娱乐活动其实就是一种自娱行为，人们在娱乐活动中表达情感、表演技能、释放情绪，达到多重目的。现代人生活压力大，经常紧张、焦虑，心理状态差，而参加以体育为主的娱乐活动有助于缓解紧张，放松身心，保持健康。

（三）竞争性

体育以身体活动为主要内容，体育活动本身就有对抗和竞争的因素，人们参加具有竞争性的体育活动，能够提升自己的竞争力。在激烈的体育竞争中，人们表现出顽强的斗志、坚持不懈的意志品质、不畏艰难的可贵精神以及战胜自我的勇气，当取得成功时，兴奋不已，更加坚定了信心，即使失败，也会从中吸取教训，从容面对，勇往直前。

体育的竞争性反映出体育文化在优化人类生命和提升人类生命价值方面的重要作用。人类在充满对抗与竞争的体育活动中增强体质、提升运动技能、掌握实践技巧，学会与他人合作，自觉公平竞争，从而不断提升自己，完善自己，实现全面发展和进步。

（四）民族性

不同民族和地区因为生存环境、文化历史、经济条件等诸多方面的差异，因而产生了不同的传统体育项目。世界各个民族都有独具本民族和地区特色的传统体育，如武术、龙舟是我国的传统体育项目，跆拳道是韩国的传统体育项目，斗牛是西班牙的传统体育项目，等等。这充分反映了体育文化的民族性特征。

体育文化的民族性不仅体现在世界各国的传统体育上，还体现在同一个国家不同民族的传统体育上。我国是一个多民族国家，汉族和各少数民族都有自己独具特色的传统体育项目，如蒙古族的摔跤、骑马、射箭；藏族的牦牛比赛等。随着各民族之间的频繁往来和世界各国文化的密切交流，体育文化呈现出融合发展趋势，世界体育文化在这一背景下将实现繁荣发展。

（五）教育性

人类文化活动从产生之初就与教育活动紧密联系，体育作为人类文化活动之一，自然也与教育密不可分。

体育文化的教育性可以从体育培养人的审美素养方面体现出来，体育可以塑造人的力量美和健康美，使人的身体形态和身体素质协调发展，达到平衡与和谐之美。

人们参与体育文化活动，要具备良好的“契约精神”，公平竞争，遵守规则，尊重对手。公平竞争是社会成员共同遵守的社会规则，体育文化是“契约社会”的重要组成部分。体育文化在契约社会建设中所起到的示范作用，积极影响着人们的社会生活及社会主义精神文明建设。

“优化”身体是体育的目标，但不是唯一目标，体育的目标涉及整个社会教育领域，包括个体的德智体美劳发展和社会的进步与发展，个体的发展与社会的发展是密切联系的，社会是由个体组成的，个体发展能够促进社会发展。个体通过参与体育文化活动，身体、心智、道德等全面发展，进而积极影响他人，最终促进全社会的进步与发展。

（六）时代性

体育文化还具有时代性特征。不同时代的人对体育有不同的认识，而且体育文化的价值与功能在不同时代各有侧重，如在二战刚结束时，世界两极分化，这时世界各国更注重体育文化的政治功能，注重发展竞技体育，希望通过在竞技体育上取得好成绩来提升和巩固自己的政治地位，这也反映了体育文化与体育强国的关系。而在和平年代，尤其是知识经济时代，人们更关注健康和生活，所以大众体育备受关注和重视，出现了很多时尚流行的大众休闲体育运动。而且随着时代的发展，体育的商业化趋势越来越鲜明，体育产业作为时代的产物在各国受到广泛重视。

三、体育文化的结构

体育文化不是与体育相关的各种物质的简单堆积，而是一个具有系统性、组织性和开放性的有机统一体，它包含四个层面，这四个层面密切相关、相辅相成。下面具体分析体育文化的各个组成部分。

（一）体育物质文化

在体育文化这一系统中，体育物质文化是基础层组成部分，是开展体育活动的基础条件和基本保障，是满足体育活动主体需求的重要因素。这一层面的体育文化主要包括体育场馆、体育器材设备、体育服装、体育艺术品、体育雕塑及其他各种客观体育形态。

（二）体育制度文化

体育制度文化是体育文化的关键组成部分，最具权威性，对体育文化系统中的其他结构要素起到纽带作用。体育文化整体的性质就是由体育制度层文化所规定的。

体育制度文化主要是指各种体育法规、体育条例，它们对体育的发展起着规范和指引的作用。国家有关部门制定体育相关规章制度、体育各项目的竞赛与裁判规则以及各种体育组织（体育协会、体育俱乐部、运动队等）的组织规则等，这些制度文化内容具有强制性，主要用来约束和规范体育文化主体的体育行为，创建良好的体育发展环境，保障体育事业健康稳定发展。

（三）体育行为文化

体育行为文化主要体现在体育文化主体的体育习惯上，包括体育行为规范、体育行为内容、体育行为表现方式等内容，这些内容是体育文化主体在体育实践活动中表现出来的，具有一定的约定俗成性。

（四）体育精神文化

体育精神文化在体育文化系统中起主导作用，体育思维、体育价值观念、体育道德、体育理想等都属于体育精神文化的范畴，其中，在体育精神文化层居于核心地位的是体育价值观念，体育文化的发展目标就是由它决定的。在整个体育文化系统中，体育精神最为活跃，其对体育文化的发展走向、行为表现效果具有决定性影响，体育文化主体的主观愿望和个人境界也是从其体育精神中反映出来的。

人们参加体育活动，不仅受到物质条件、制度条件的影响，也受到一些隐性因素的影响，即体育精神因素的影响，包括认知、情感、理想、价值等因素，这些因素虽然是无形的，看不见摸不着，而且没有强制性，但它们对人的潜移默化作用足以影响人的一生。

第二节　体育文化传播的基础理论

一、体育文化传播的功能

（一）展示体育之美

通过体育文化传播，不仅能够将有关体育的信息传递和提供给人们，还能将体育的力与美很好地展示与呈现出来。体育文化依托大量的大众媒介手段而得到广泛传播，人们通过各种传播媒介而认识体育，感受体育，发现和欣赏体育运动本身的美，从而更好地理解体育，清楚体育不仅有对抗和竞争，还有深层的文化内涵与独特的美，魅力无穷。

（二）弘扬体育精神

体育运动中蕴含着丰富而深邃的体育精神，我们不需要在体育文化传播活动中刻意强调体育精神，体育精神的诠释是自然而然的，人们通过参与和欣赏体育运动，能够自然地感受到体育运动的这种天然属性。体育精神作为一种特殊的体育文化信息，存在于所有体育文化活动中，任何体育运动表达方式都能展现出体育精神。

体育精神文化中以奋斗精神为主要内容，“更快、更高、更强”的奥林匹克运动格言充分体现了这一点，体育文化中的奋斗精神具体包含下列含义。

1.英雄主义精神

顽强拼搏的竞技体育运动员在体育赛场上是令人敬仰的英雄主义者，他们在特别的舞台上展示自己的生命力量和体育的力量，传播着英雄主义精神。

2.爱国主义精神

体育文化传播能够激发人们的爱国热情，尤其是在世界性的体育比赛中，当运动健儿为国家争得荣誉后，升国旗、奏国歌，观众受到极大的鼓舞，爱国热情油然而生，树立起“振兴中华”的伟大抱负。

3.民族精神

运动员在世界体育比赛和体育文化交往活动中的一言一行都代表着其所在国家和民族的形象，运动员在赛场上的表现不仅是其代表国家竞技体育水平的反映，也是该国民族精神的反映，在国际体育赛场上拼搏的运动员都是为了国家和民族的荣誉而奋斗的。

4.团队精神

集体性体育运动项目要求运动队必须有很强的团队精神，只有团队成员相互信任、分工合作、默契配合，才能执行好每个技战术，提升团队整体的作战能力，一个运动队所表现出来的团队精神也是非常重要的体育精神文化内容。

（三）体育文化增值

体育文化本身具有重要的价值和功能，在体育文化传播与发展中，又会产生新的价值，也会有新的意义被赋予体育文化，这便是体育文化增值。但体育文化增值并不是只有积极的一面，也存在消极的一面，积极的意义主要体现在体育文化传播广度与深度的增加上，而消极的一面体现在体育文化精髓被破坏或虚假传播上。例如，中华武术文化的国际化传播对弘扬中国传统文化、促进国际文化交流起到了重要作用，但在对外传播与推广过程中存在过分竞技化和商业化的问题，导致传统武术失去“本真”，深层的精髓遭到破坏。因此，在体育文化传播中，要尽可能实现积极的增值，同时避免恶性或虚假传播。

体育文化传播的增值功能从体育产业中得到了充分的体现，利用各种传播媒介传播体育文化，带动了体育广告业、体育培训业等产业的发展，创造了可观的经济价值和社会价值。

（四）推动体育文化发展

在体育文化传播中，体育与传媒有机结合，为传播体育文化提供了多元的载体，有广度、有深度的体育文化传播促进了体育文化的发展，强化了体育文化系统的开放性和多元性。

这里主要从体育产业角度来探讨体育文化传播促进体育文化发展的功能和意义。依托多种媒介手段传播体育文化内容，培养了人们的体育兴趣，提升了大众参与体育活动的积极性，刺激了大众体育消费，进而对体育产业的发展产生了推动作用，如体育服装业盛行、体育培训业市场前景广阔、体育休闲娱乐业获得了大量忠实消费者等。在全球化背景下，体育文化传播促进了全球规模的体育文化市场和体育产业市场的形成，在庞大的体育产业市场中，体育消费所带来的经济利润非常丰厚。随着体育产业的壮大，体育传媒业吸引了大量的企业投资，获得良好发展，这又进一步推动了体育文化传播的发展。

（五）打造体育强国

体育拥有重要的文化价值，这个价值使体育拥有了改变世界的力量。随着体育的发展及其地位的提升，建设体育强国成为很多国家的重要战略，而建设体育文化强国是体育强国建设的核心，建设体育文化强国有利于提升国家体育文化软实力。基于对建设体育文化强国重要性的认识，奥运会金牌或奖牌数不再是衡量一个国家体育实力的唯一标准，在体育强国的评价标准中，一个国家的体育文化水平逐渐成为不可忽视的重要标准之一，各国积极发展体育文化，传播与弘扬体育文化，以提升国家的体育综合实力，实现体育强国建设目标，提升自己在国际体坛的话语权。因此说，打造体育强国成为各国体育文化建设与发展的一个重要方向与目标。

二、体育文化传播的模式

最基本的文化传播模式是传播者与接受者相互依存的模式，具体包括三种模式，分别是链式模式、波式模式、根式模式。如果我们在广阔的空间和持续运动的时间内来考察文化传播，就会发现现实中几乎没有单一的传播方式，现实中往往是多层次的复杂传播。体育文化的传播同样是复杂的，主要包括下列几种常见模式。

（一）直接传播

直接传播是最简单和最基本的体育文化传播模式，主要包括单向传播和波式传播。单向传播就像体育比赛的接力一样，波式传播就像掷入水中的石头激起的波纹向四周扩散一样。

（二）间接传播

间接传播指两种体育文化通过媒介相互交流的传播，常见的传播媒介有书刊交易、贸易、外文活动、留学等。

（三）刺激传播

刺激传播又叫“激起传播”，是指一个社会掌握了某项体育能力后刺激了另一社会，使之相应地发明或发展了类似的体育文化要素，或者是外来体育文化的先例所促发的新的体育文化因素的成长。例如，韩国跆拳道刺激我国武术运动向奥运会迈进。①

需要强调的是，体育文化的传播不存在机械的和唯一的传播方式，现实中往往是复杂交织的传播。

三、体育文化传播的途径

（一）人际传播

人际传播指的是人们面对面亲身传播体育内容。最初的游戏、竞技活动

① 于可红，张俏.世界一流大学与体育文化互动发展研究[M].杭州：浙江大学出版社，2015.

等传播方式就是个人与个人之间、个人与群体之间、群体与群体之间的人际传播。人际传播一般是在小空间内、由少数人参与的没有组织的传播活动。人际传播过程中，“体育达人”起主要作用。现代社会中体育达人是指热爱体育运动，对体育运动项目、规则及比赛的含义有独到见解的人，如体育教育工作者、体育新闻记者等。在现代社会，尽管大众传播媒介很受关注，但在特定时期，人际传播的作用超过大众传播媒介。所以，在体育文化传播过程中要充分发挥人际传播的作用。

（二）组织传播

组织传播是指依照一定目的、任务和结构形式编制的集体对体育文化信息的传递与分享。现代体育文化在全世界普及和发展，主要得益于各种体育组织的传播。经过长期不断的探索和实践，在国际上逐渐形成了结构完备、功能齐全的体育组织体系。体育组织协调有序、各司其职，形成稳定的体育组织运作机制和传播机制。体育组织举办各种类型的体育活动，使人们深刻感受体育文化，感受体育的团结协作、公平竞争精神，感受体育的美，最终达到传播体育文化和体育精神的效果，促进体育文化的全球化发展。

（三）大众媒介传播

大众媒介传播就是传播机构运用各种传播工具向多数人连续传送体育信息的行为或过程。大众媒介的产生和发展促进了体育运动的发展。印刷媒介的出现是我们迎来大众传播时代的重要标志，通过报刊等媒介形式传播体育文化，使人们认识体育并参与体育运动。电视媒介的出现，使体育文化传播发生了深刻变革。电视以其图像逼真、受众面广等优势而在体育文化传播中逐渐居于主导地位。体育频道和体育新闻报道的增多极大地推动了现代体育文化的发展。随着信息时代的到来，网络媒介的出现给体育爱好者和新闻记者带来极大的便利。总之，科技的发展促进了传媒的发展，依赖各种传媒手段而传播体育文化，使体育运动在全世界都产生了广泛而深远的影响。

第三节　体育文化传播的内容与载体

一、体育文化传播的内容

体育文化传播的内容非常丰富，包括体育意识、体育价值、体育情感、体育道德、体育制度以及体育产业等各项内容的传播。下面着重分析体育精神和体育产业的传播。

（一）体育精神的传播

“奥林匹克”体育精神在全世界传播，并且作为一种普世价值观在世界各国颂扬，体现了人类对美好生活的共同向往和人类追求幸福生活的崇高理想，这种理想就是用健康的身体和运动的方式来实现人类的幸福，而体育是人类追求健康体魄和运动方式的合理表达。人类可以用多种方式追求幸福生活，如依靠聪明智慧，运用伦理道德方式、文学艺术方式、劳动实践方式等。此外，体育也是人类追求幸福生活不可或缺的重要方式之一，它不仅可以使人们强身健体，还能促进人们精神升华，净化人的灵魂。传播体育精神，重点要传播如下内容。

（1）勇于进取、顽强拼搏的精神。

（2）尊重他人、团结合作的精神。

（3）尊重规则、公平竞争的精神。

（4）超越自我、全面发展的精神。

（二）体育产业的传播

随着我国经济的发展、制度的健全，体育产业得以稳步发展，前景十分光明。体育产业的规模与质量较以前都有了质的飞跃，产业效益大幅提高。我国体育产业的规模与其他产业相比虽然规模不大，但在我国产业构成中占据着不可或缺的地位。当前，我国体育产业发展尚不成熟，相关信息的开放程度较低，这时特别需要进行体育传播，需要运用媒介来监督引导体育产业正向传播。探索体育产业传播渠道，向受众传递真实信息，是我国体育产业信息传播的重要任务。

数字电视的大众普及化范围广、效力强，对体育产业传播产生了深远的影响，但现阶段数字电视尚未将我国体育产业的一些潜力转化为现实，主要存在以下几方面的制约因素：

第一，体育电视管理制度不健全。

第二，传播质量低，传播的知识含量不够。

第三，频道广告资源与企业之间存在矛盾。

第四，体育赛事转播权存在问题。

在融媒体时代，数字电视媒体对于体育市场的占有率有所下降，失去了明显的参与度优势。所以当下数字电视亟须立足于体育产业发展的特点，找准传播转型着力点，以先进的传播方式为体育产业传播构筑外围语境的突破口，促进体育产业的发展。①

二、体育文化传播的载体

从本质上而言，传播就是信息的沟通和交流，而信息成为具体可感的交

① 肖焕禹.发挥媒介体育文化传播功能,推动体育文化繁荣发展[J].体育科研，2012，33(1)：22–26.

流内容的前提是以符号为物质载体。体育文化传播载体主要是指传播媒介，即能够负载、传递符号的物质实体。体育文化传播媒介既指呈现体育技术或文化的物质载体，又包括传播体育文化的组织机构。从时间维度来看，体育文化传播媒介既有传统载体，也有新载体。[①]

（一）传统载体

1.文图纸媒

一些体育项目尤其是传统体育项目的典籍是现代人继承前人经典理论、宝贵经验和心得的重要载体，体育学术期刊、论文、杂志专题等都是传播体育文化的重要载体。

传统纸质媒介是发表体育文化研究成果的主要载体，其在促进体育知识传播和体育信息交流方面发挥着举足轻重的作用。

集及时性、连续性、权威性、深刻性等特征于一体的体育期刊是人们获取体育信息的主要方式之一，它是任何体育传播媒介都不可替代的重要载体。

一些与体育项目有关的小说，如武术小说讲述了许多江湖上行侠仗义的故事，刻画了很多生动形象的传奇武术人物，小说的作者文学素养深厚，以大众喜闻乐见的方式将武术文化的独特魅力演绎出来，向世人传播武术文化内涵和武术精神，并传播背后的传统文化和民族精神（厚德载物、自强不息）。金庸、古龙等武术小说大师的武侠作品吸引了大量的读者，他们的小说很多都被拍成电视剧，又吸引了大批的观众，促进了武术文化传播空间的拓展，使武术文化在民间产生巨大影响力。这是体育文化依托传统媒介而得到良好传播的典型，值得在不同体育项目文化的传播中予以借鉴。

从古至今，体育类书籍数不胜数，现在市场上的体育类书籍五花八门，琳琅满目，但由职业修养好、专业素质高的作者、采编队伍精心完成的体育

① 王春.体育文化传播教程[M].沈阳：东北财经大学出版社，2017.

类书籍普遍质量较好，不仅文字编辑恰当，而且装帧设计精美，这样的好书融思想性、知识性、艺术性和实用性于一体，人们阅读这些书籍，能够掌握有价值有意义的体育知识和其他信息，读者投入情感而阅读和学习，必然会有很大的收获。

纸质媒介虽然是单向传播载体，但其可以同时负载文字、图像及其他生动形象的符号，因而至今在体育文化传播中依然发挥着不可忽视的重要作用。

2.声像视媒

影视具有视听合一的特征，体育类影视作品作为体育文化传播方式之一，具有较强的直观性、广泛的覆盖面和良好的普及性。以武术为例，我国有很多与武术有关的优秀电视剧和电影作品，如《大侠霍元甲》《叶问》《少林寺》及由金庸小说改编的武侠剧等，这些影视作品不仅传播了武术文化，也传播了中华民族传统文化和民族精神，激励人们自强不息。

电视上播放的体育赛事节目也是传播体育文化的重要载体，尤其是奥运会期间，全球直播体育赛事，给观众带来精彩的视觉盛宴，使观众第一时间了解奥运会赛事状况，在屏幕前为自己喜欢的运动员加油鼓劲，全球观众共同感受体育文化的魅力。多角度、全方位展示体育文化的影视作品或体育赛事节目，为全球人民了解体育文化和解读体育文化提供了良好的平台。

体育音像制品如光碟、磁盘等也是存储与传播体育信息的重要媒介，这些媒介负载着大量的体育信息，很多体育爱好者都会为此消费，促进了体育影像制品业的发展。这类传统载体对促进体育文化传播范围的扩大具有重要意义。

3.场所器物

体育场所是人们参与体育运动时的活动区域，是“自然环境和人造环境有意义聚集的产物”，在人们心中表现为“方向感”和“认同感”，如少林寺武术场所吸引着武术人的朝拜和体验，见证了武术仪式的组织与开展，成为重要的武术文化传播载体。

器物是文化遗留在它专属时空中的痕迹。制器的本身就是人与物共同升华的过程。“物”是多种意义的汇聚点，其中蕴含着丰富的社会意旨。体育器物在造型思维上体现了体育文化的内涵，其制作尺度延续了体育的社会伦理。体育器物已纳入了体育文化的深层结构，是以物质形态表征的体育文化载体。

（二）新媒体

新媒体是借助网络传播信息的载体，如计算机网络媒体、手机媒体等，新媒体最主要的两个要素是数字化技术、互动性传播。新媒体不仅是发布体育文化信息、传播体育文化的承载媒介，还是传播主体与受体之间展开关于体育文化交流的互动途径，这是新媒体与传统媒体在体育文化传播方面的主要区别。新媒体从技术维度来看，主要有数字化技术、互联网技术、移动通信技术，从传播维度来看，主要包括双向传播、用户创造内容。[①]从这两个维度来分析，体育文化传播的新媒体主要包括下列两种形态。

1.网络媒体

在新媒体环境下，体育爱好者通过互联网渠道在专门的体育网站上对相关体育文化知识和技术加以学习，获取对自己有价值的信息，并通过网络平台如网站论坛、贴吧、微信、微博等与其他体育爱好者或专业人士进行在线交流，共享体育文化信息，相互学习，达到情感共鸣。

利用网络电视对体育赛事进行传播，打破了空间限制，使人们即使不能到现场观赛，也不会错过每个精彩瞬间。利用网络电视播放体育赛事也打破了时间限制，因为网络电视有储存播放的功能，人们可以根据自己的实际情况而自由选择播放时段，使体育文化传播与人们的实际需求保持一致。

① 徐冬园，姚强.对新媒体时代下体育文化传播方式的分析[J].体育科技，2015，36(1)：13-14.

2.移动媒体

移动媒体主要是指智能手机，对现代人而言，智能手机已成为必不可少的通信工具。随着现代信息技术的不断发展，智能手机的功能越来越多元、便捷，期刊、报纸、电视、图书等出现在智能手机介质上，发挥了重要的传播功能，依托这些载体传播体育文化，丰富了传播方式，并使体育文化传播有了娱乐性和趣味性，这类传播与人们的生活方式、实际需求相符，因而广受欢迎。

第四节　新媒体时代体育文化的传播策略

一、认识新媒体

（一）新媒体的含义

简单来说，新媒体指的是网络及手机新兴媒体。网络新兴媒体是指依托互联网平台的一种媒体形态，如大型网站、网络报刊、网络影视、网络论坛、网络广播等。手机新兴媒体则是依托无线通信技术及网络信息技术的媒体形态，如手机报纸、手机游戏等。[①]相对于传统媒体，新媒体具有传播量大、传播速度快等优势。新媒体作为强大的融合平台，能够有效整合原有传

① 何毅萍.新媒体时代强化体育文化传播策略研究[J].湖北开放职业学院学报，2020，33(17)：103-104.

播方式，消除不同圈子之间的隔阂，促进交流和互动，推动体育文化传播。

（二）新媒体的特征

1.大众传播性

新媒体作为主流媒体，其信息传播能力十分强大，能够非常迅速地传播信息，传播效率惊人。在新媒体时代，几乎人人都能利用新媒体手段找到自己所需要的信息，并能与他人共享信息。从这一点来看，新媒体在文化传播方面的影响力远远大于传统传播方式。

2.隐蔽性

新媒体以多种形式真实存在于人们的生活中，但与受众的接触非常少，具有隐蔽性的新媒体所传播的信息与人们的现实生活是密切相关的。

3.融合性

广播、电视、通信、报纸等媒介之间的界限在新媒体中得到消除，新媒体将多种传播方式融合在一个介质上，拉近了人与人、国与国的距离，增进了人际关系和国际交流，为更好地发挥传播功能提供了良好的条件。融合性既是新媒体的基本特征之一，也是新媒体相较于传统媒体而具有的优势。

二、新媒体时代体育文化传播的特点

新媒体时代体育文化传播具有以下几个特点。

（一）传播主体多元化

在新媒体时代尤其是自媒体迅速发展的今天，原本的体育文化传播主体发生了变化，体育文化传播主体更加多元化。自媒体平台如微信公众号、微博公众号等的广泛应用，为所有网民成为体育文化传播主体提供了机遇。体育爱好者、体育社团等都可以借助自媒体平台成为体育文化的传播主体。

（二）单向传播方式发生变化，增加了传播深度

在新媒体时代，体育文化传播由单向传播向双向互动式传播转变。广大受众群体特别是体育迷群体，不再局限于传统媒体的单向传播模式，他们可以通过互联网、移动终端来接收体育信息，并可以对这些体育信息加以选择、评价、反馈。双向互动式传播模式对加速体育文化传播速度，加深传播深度起到重要作用。[①]

（三）传统媒体和新媒体融合，促进资源共享

新媒体时代的体育文化传播呈现出媒介融合的特征。从受众终端的角度来看，利用传统媒体和新媒体合理有序地进行体育文化传播，将有利于提升体育文化传播的效果。新旧媒体的融合为传播主体选择加工传播内容提供了丰富的媒体介质，便于人们通过各种媒介渠道接收体育信息，促进体育文化资源共享。

三、新媒体时代体育文化传播的基本策略

（一）培育传播主体，提高传播能力

新媒体的发展直接影响了体育文化传播主体的变化，使传播主体从单一

① 袁静.新媒体时代体育文化传播策略创新浅析[J].新闻爱好者，2018(12)：89–91.

变为多元，多元化的体育文化传播主体对体育文化传播内容、方式、效果都有决定性影响。在这种情况下，积极培育优秀的体育文化传播主体非常关键。所以要重视对体育文化传播主体的体育文化素养培养，体育文化素养低的传播主体不能有效地传播优秀的体育文化。

培养传播主体的传播积极性和主动传播能力也很重要，传播主体要对长远传播规划予以制订，将传播体育文化作为自己的重要职责和使命。这种战略思维是新媒体环境下很多传播主体所缺少的，因而直接导致他们对体育文化的传播行为缺乏持续性。所以说，培育优秀的体育文化传播主体至关重要，在培养过程中要提升传播主体的主动传播意识和能力。

（二）精选传播内容，提升传播质量

在体育文化传播体系中，传播内容是核心要素，传播体育文化最需要向受众宣传的就是传播内容。体育文化的传播质量一定程度上是由体育文化传播内容的多样化及深度所决定的，可见体育文化传播内容极其重要。

体育文化传播主体选择传播内容时要对传播环境、受众情况予以了解，要有针对性地研究制定和选择传播内容，并及时了解受众的反馈，第一时间整改和完善传播内容。传播形式是由传播内容所决定的，虽然新媒体传播是非常先进的传播形式，但也要由具体要传播的内容所决定。

体育文化传播内容应该是丰富多样的，除了传播大型体育赛事外，还应普及体育常识，传播大众喜闻乐见的体育项目文化，传播体育健身锻炼的方法，促进全民健身的发展，进而实现全民健康目标。人们参与体育运动，只有真正达到了预期目标或获益，才能更加认可体育，并积极传播体育文化，因此要注重传播能够满足大众需求的体育文化内容。

（三）优化传播路径，提升传播效果

培育体育文化传播主体，确定传播内容后，就要加强传播路径建设。建设与优化传播路径，主要是对实践操作的问题进行解决，如果没有好的传播渠道，那么传播的效率和效果就很难保证。

在体育文化传播路径的建设和优化中，要特别注意微观层面的传播策略，不能忽视任何一个微小的问题，如公众号文章版面设计问题等。一些微小的问题或细节会对传播路径功能的实现即传播的有效性产生重要影响，解决好小问题，能够提升传播路径的可操作性，提高传播效果。在新媒体时代利用手机终端传播体育文化，应该重点解决的问题是手机终端能接收哪些体育信息，如何使人们主动接收重要的体育信息等。为解决好这两个问题，应该同时加强对大众传播的新媒体路径及社会传播的新媒体路径的开发，从而更好地控制传播过程，提升传播效率。

第二章　新时期奥林匹克运动文化的传播与发展

奥林匹克运动文化是以西方体育文化为主导的世界优秀文化，它是一种先进的、多元的、催人向上的、与时俱进的文化。在全球化背景下传播奥林匹克运动文化具有重要意义。对这种先进的世界优秀文化进行全覆盖传播，推动其多元化、现代化发展，有助于充分发挥文化传播的政治功能、经济功能以及教育功能，促进奥林匹克文化的可持续发展及其与世界各国体育文化的互动发展。本章主要对新时期奥林匹克运动文化的传播与发展进行研究，主要内容包括奥林匹克运动文化基础理论、现代奥林匹克运动文化发展情况、奥林匹克文化的跨文化传播及其在文化认同视域下的发展策略。

第一节　奥林匹克运动文化概述

一、奥林匹克运动文化的概念与性质

奥林匹克运动文化指的是在人类历史发展中以奥林匹克运动为载体所创造的各种文化成果的总和。[①]奥林匹克运动文化是以体育运动为基本内容的社会文化现象，是奥林匹克运动的重要组成部分，其具有以下几方面的性质。

（一）以体育为载体的文化

奥林匹克运动包括竞技运动、大众体育以及与之有关的文化活动。从文化视野看，奥林匹克运动文化是以体育为载体的文化。但奥林匹克运动并不等同于体育，奥林匹克运动不是单纯的体育，体育是奥林匹克运动的主要表现形式，但奥林匹克运动还有体育以外的文化和教育内容，它谋求体育与文化和教育的融合，这正是奥林匹克文化和体育文化本质上的区别。

---

① 石龙，王桂荣，刘海英.奥林匹克文化概论[M].上海：上海交通大学出版社，2018.

（二）以教育为核心的文化

古代奥运会起源于宗教祭祀活动，它以人体美、竞技精神以及高超的技艺为神奉献，这必然以教育和训练为前提。顾拜旦推崇古代奥运会和希腊早期体育教育时，十分重视古代体育的教育功能。

现代奥林匹克运动继承和发扬了古奥运的精神和教育思想，现代奥林匹克运动的宗旨是以奥林匹克精神来教育青年，从而建立和平美好的世界。教育是奥林匹克运动的根本任务，一切奥林匹克活动都是非常重要的教育手段，所以，教育是奥林匹克运动文化的核心，奥林匹克运动文化是以教育为核心的文化。

（三）以西方文化为主导的多元文化

古代奥林匹克运动文化源于古希腊文化，古希腊文化是西方文化的基础，而现代奥林匹克运动又诞生于欧洲，由于历史及现实经济、政治等原因，奥林匹克运动内容及组织结构反映了浓厚的西方文化色彩。

现代奥运会大部分在西方国家举行，国际奥委会委员以西方人士为主，奥运会上的比赛项目也以西方现代竞技体育项目为主。这些情况表明，现代奥林匹克运动文化是以西方文化为主导的文化。

随着奥林匹克运动的普及，文化的多元交融是不可避免的。不同国家的文化彼此相融，取长补短，汇聚发展成为五彩缤纷的多元文化。奥林匹克运动文化的多元化是人类文明进步的标志，不仅符合时代潮流，还促进了不同民族之间的了解和友谊的建立。

（四）催人上进的先进文化

奥林匹克运动文化从古至今历经了两千多年的历史考验，受众最为广泛，它体现了人类的崇高理想，体现了对未来社会的憧憬和追求，体现了世间难得的真、善、美和公平正义。奥林匹克运动文化的先进性集中体现在奥林匹克主义、精神、理想、原则、宗旨、格言等诸多方面。

奥林匹克运动文化蕴藏着人类的竞争、创新、友谊等优秀品质，并将体育价值、社会价值和个人价值联系起来，体现出英雄主义、集体主义和爱国主义的高度一致性。奥林匹克运动文化是人类宝贵的精神财富，生命力顽强，对促进人类发展和维护民族平等具有举足轻重的作用。

二、奥林匹克运动文化的丰富内涵

根据《奥林匹克宪章》和奥林匹克运动发展实践，奥林匹克运动文化的内涵主要体现在以下六方面。

（一）和谐发展

奥林匹克的宗旨是使体育运动为人的和谐发展服务，以建立一个维护人的尊严的和平社会。古代奥运会强调人的和谐发展，发展到今天，奥林匹克的人生哲学是“增强体质、意志和精神并使之全面均衡发展”。

奥林匹克运动具有教育功能，即促进人全面发展的教育，通过体育活动，可以锻炼人的身体，增强人的体质，发展和提高人的思维能力，塑造完善的人格，促进和谐发展。

（二）团结友谊

现代奥林匹克运动不仅仅是单纯性的体育活动，它的最高目标是要通过体育活动的手段，把世界不同国度、不同种族、不同语言、不同宗教信仰的人凝聚起来，相互交往、增进了解、建立友谊，最终建立一个维护人的尊严与更美好的世界。奥运会强调国家民族平等，维护人的尊严，倡导多元文化，彼此兼容，和平共处。团结友谊是人类生存与发展的基本准则，正是因为现代奥林匹克运动反映了人类这一最强烈的愿望，所以，它才具有顽强的生命力和强大的号召力。

（三）公平竞争

奥林匹克是一种以竞技体育为主要活动内容的体育运动。激烈的对抗性和鲜明的娱乐性是竞技体育的重要特征。竞争是人类社会进步的基本手段之一，竞争精神是人类发展、创新、前进的动力。奥林匹克主义倡导的竞争是以公平的道德标准为前提的竞争，强调“体育就是荣誉，但荣誉公正无私”，这是对人的尊严的维护，也是实现奥林匹克宗旨的保证。

奥林匹克公平竞争原则具体表现为：在由组织者统一提供的具备同一条件的场地内，在完全对等的比赛规则之下，在裁判者的公平执法尺度下，竞赛者完全凭借自己强健的身体、机敏的头脑、良好的反应力及控制力去战胜对手，获取胜利。只有在公平竞争的基础上进行对抗、比拼，最终的胜负结果才有意义。

（四）奋力拼搏

奥林匹克运动倡导以奋斗为乐趣，倡导人们最大限度地挖掘自身的潜力，挑战自身体能、生命的极限，“创造一种在努力中求欢乐、发挥良好榜样的教育价值并尊重基本公德原则为基础的生活方式”。[①]奥林匹克运动赛场上的奋斗是人类奋斗的缩影。拼搏的艰辛，竞争的白热化，不但对场上运动员有直接刺激，而且对场下众多观众，尤其是正在成长的青少年有更深远的教育意义。

奥林匹克运动会的格言“更快、更高、更强”，表达了奥林匹克运动文化不断进取、永不满足的奋斗精神和不畏艰险、勇攀高峰的大无畏精神。

（五）重在参加

体育运动不仅仅是比输赢，更是在精神、斗志和气势上的较量。可以说

① 石龙，王桂荣，刘海英.奥林匹克文化概论[M].上海：上海交通大学出版社，2018.

比赛过程比结果更加重要。奥运会为每位参赛选手提供了夺取金牌的机会，但金牌只青睐于那些永不放弃的顽强追求者，这是在奥运会中夺取胜利的思想内涵，是体育的精髓。在体育比赛中，冠军只有一个，要努力去争、去拼，这是每个参赛者应有的追求。有的运动员明知可能拿不到冠军，但他们不甘失败，尽力去争、去拼，这就是奥林匹克精神。

（六）为国争光

奥运会是世界一流运动员的竞技场，在这里运动员向全世界人们展示自身的运动极限。体育成绩既反映运动水平，也与国力强弱有密切关系。国运盛，体育兴。通过体育这个窗口，人们可以看到一个国家国力的强弱。运动员为获得奥运奖牌而奋斗，不仅是为了个人荣誉，更是为了国家荣誉。祖国和人民的关心、支持以及培养激励着运动员顽强拼搏。为祖国而战，为民族而战，是运动员在赛场上奋力拼搏的精神动力。

第二节　现代奥林匹克运动文化的发展情况分析

一、现代奥林匹克运动文化的发展成果

现代奥林匹克运动文化经过漫长的历史而取得了良好的发展成果，下面简单介绍几个重要发展成果。

（一）奥林匹克运动的思想体系趋于完善

奥林匹克主义思想从现代奥运会创建初期就由顾拜旦提出来了，随着奥林匹克运动在全世界范围内的广泛传播和全面发展，奥林匹克运动的思想也得到了发展，内容越来越丰富，内涵也越来越深刻。现在，奥林匹克运动思想体系不仅包括奥林匹克主义，还包括奥林匹克精神、奥林匹克运动宗旨、奥林匹克格言等内容，思想体系越来越完整、充实。

（二）奥林匹克运动的组织规模不断壮大

国际奥林匹克委员会（简称“国际奥委会”）成立于1894年，起初这一组织中的成员国只有十多个，经过一个多世纪的发展，奥林匹克旗帜下已有超过两百个的国家和地区团结于此，各个成员国和地区都成立了自己的奥林匹克委员会，并得到了国际奥委会的认可。此外，五大洲的洲际奥委会协会也逐渐成立和不断壮大。不管是国家奥委会、洲际奥委会还是国际奥委会，都是奥林匹克运动的重要组织，随着这些组织规模的不断壮大和运行机制的不断完善，奥林匹克运动在全世界得到了快速的传播与持续的发展。

（三）奥林匹克运动的社会功能日渐强化

奥林匹克运动最初的功能主要体现在对人类体能极限的挑战、对公平竞争的追求以及停止战争、和平共处等方面，经过漫长的演进与发展，奥林匹克运动的社会功能早已超出了原来的范围，其逐渐向社会各个领域（政治、经济、文化、教育等）全面而深入地渗透，产生了巨大的综合效能和深远的国际影响力，对社会全面进步与发展产生了重要的推动作用。

二、现代奥林匹克运动文化发展的困境和挑战

现代奥林匹克运动文化的发展虽然取得了显著的成绩，但也存在一些客观问题与不足，面临严峻的发展困境与挑战，主要问题如下。

（一）过度商业化

当代体育运动的发展尤其是大型体育运动会的举办与商业手段、商业利益密不可分，体育运动的商业化发展趋势从19世纪末20世纪初开始出现。随着体育商业化发展的推进，出现了过度商业化的倾向，严重影响了奥林匹克运动本身的发展，而且对人类社会环境与氛围造成了消极的影响。过度商业化对奥林匹克运动文化的恶劣影响主要表现在下列两方面。

1.与奥林匹克精神产生冲突

奥林匹克运动过度商业化在某种程度上违背了奥林匹克运动的宗旨。奥林匹克运动倡导按照奥林匹克精神来开展体育活动，在体育活动中强调团结、公平、友谊、理解，对青年一代进行良好教育，最终达到使世界和平而美好的宏伟目标。奥林匹克运动商业化发展中追求利润最大化，过度商业化意味着有时会为了经济利益而不择手段，违背奥林匹克精神，如果不能处理好商业化和奥林匹克思想的关系，就会导致奥林匹克运动发展中出现严峻的不和谐问题。

2.加剧世界各地体育发展的差异

现代奥林匹克运动发展中存在这样一个现象，即经济发达的国家用丰厚的资金筹办奥运会，用商业手段来推动奥运会的顺利进行，积累了丰富的实践经验，为之后继续争取奥运会举办权奠定了基础，而经济较为落后的国家在筹办奥运会方面面临着严峻的经费问题，而且缺乏成熟的商业手段来推动奥运会的运转，关键是它们承担的商业风险是巨大的。这样一来，落后国家很难获得奥运会举办权，基本都是经济发展好的国家在举办奥运会，而且这

些国家通过举办奥运会又能获得更多的经济利益。长此以往，世界各地体育发展的差距会逐渐加大，这对奥林匹克文化的国际化发展造成了制约。

此外，一些资本主义国家在举办奥运会时，如果出现商业利益与体育利益冲突的问题，很有可能为保证商业利益而不惜牺牲体育利益，这对奥林匹克运动的发展是极为不利的。

（二）运动员的职业面临严峻挑战

奥运会面向职业运动员开放后，越来越多的职业运动员获得了参加奥运会的机会。但是从业余运动员转变为职业运动员，不仅是身份角色发生了变化，随之产生的变化还体现在目标、组织和机制等方面。

职业运动员进入赛场，对他们来说，参加比赛就是一种特殊的商业工作，取得好成绩就是一种商业目标，可以使组织者从中获取利润。职业运动员出现在运动会上可能引起一些体育组织之间的冲突，如国际奥委会、国际单项体育联合会和国家奥委会之间的冲突。

此外，职业运动员参加非职业赛事，容易导致体育组织失去对运动员的控制。职业运动员与经纪人之间的关系是非常紧密的，一些唯利是图的经纪人为了商业利益而承办赛事，让职业运动员参赛，从而使体育组织对运动员失去控制。

（三）兴奋剂现象依然存在

现代竞技体育的发展存在一些弊病，其中，最被人诟病的无疑是运动员使用兴奋剂的问题。服用兴奋剂不但不利于运动员的身心健康，而且严重违背了奥林匹克精神。运动员服用兴奋剂是一种不正当的竞争手段，其通过“歪门邪道”对自己的正常生理功能和作用进行干预，隐瞒自身的真实能力，欺瞒体育工作者和观众，存在非常严重的人性问题和道德问题。

围绕兴奋剂的检测与反检测、控制与反控制是漫长而艰苦的战斗，其中不仅涉及不同体育观念和道德观念的斗争，也涉及现代科学技术之间的较量。反兴奋剂是没有硝烟的战争，这场战争将伴随现代奥林匹克运动会的发展和科技的发达而长期存在。

（四）腐败问题严重

现代竞技体育发展中除了存在滥用兴奋剂的问题，还有其他一些道德沦丧的问题，如常见的腐败问题，主要存在在体育组织管理者和比赛执法者身上。

随着奥林匹克运动商业化发展速度的加快，腐败问题也随之而来，一些媒体上常常报道出体育领域权钱交易的问题。不管是奥运会，还是其他一些世界性的体育比赛，都或多或少存在裁判不公的现象，裁判的不作为或腐败问题会导致体育比赛的根基发生动摇，而且国际体育这座大厦很可能因为国际体育组织管理者的道德腐败而发生剧烈颠覆。虽然国际奥委会采取非常严格的手段处理体育比赛中的腐败事件，但此类现象依然没有完全根除，违纪受贿、假公济私等腐败事件屡屡出现，打击腐败行为任重道远。

三、新时期现代奥林匹克运动文化的发展趋势

随着时代的进步与社会的发展，现代奥林匹克运动文化在全球广泛传播，发展迅猛，总体上呈现出良好的发展势头。下面主要分析现代奥林匹克文化在新时期表现出的几个重要发展趋势。

（一）均衡化发展趋势

新时期，现代奥林匹克运动文化呈现出进一步均衡发展的趋势，主要体现在以下两方面。

第一，奥林匹克文化在全世界广泛推广与传播，不局限于只在经济发达的西方国家发展，亚洲、非洲等地区的奥林匹克文化也在不断发展，虽然与西方国家还有明显差距，但和以往相比已经有了很大的进步，总体而言，奥

林匹克文化在全球的发展是趋向均衡的。

第二，现代奥林匹克文化不断向大众体育文化渗透，奥林匹克运动与大众体育运动相互影响，相互促进，紧密结合，共同发展。

（二）科技化发展趋势

奥林匹克运动与现代科技的联系越来越紧密，将高科技产品运用到奥运会中，不仅展现了人类文明的进步和科技发展的成果，而且有效提高了奥运会的运作效率和现代化发展水平。现代奥林匹克运动中所运用的高科技涉及多个学科，如生物物理学、生物遗传工程学、信息科学、分子生物学、新型材料科学等，这些领域的科技成果在奥林匹克运动中发挥了巨大贡献，使现代奥林匹克运动对全世界人民产生了巨大的吸引力。①

（三）可持续发展趋势

《奥林匹克21世纪议程》明确指出奥运会的三大支柱是体育、文化和环境保护，要求必须在可持续发展的理念和框架下举办奥运会。随着奥运会的不断发展尤其是规模的迅速扩大，一系列问题接踵而至，因此，21世纪奥运改革中出现了“控制奥运会发展规模”这一重要议题。对奥运会规模的控制主要是对“量”的控制，对参赛人员的数量进行调整，对比赛项目加以优化，并将更多的注意力转移到“质”上，使奥运会既有“量”又有“质”，更加具有代表性和权威性。

现代奥林匹克运动发展中强调保护生态环境，提倡人文奥运、科技奥运和绿色奥运，践行新的发展理念对推动奥林匹克运动的可持续发展具有重要意义。

---

① 张晓白.现代奥林匹克运动的挑战与发展[J].当代体育科技，2014（24）：176，178.

第三节　奥林匹克文化的跨文化传播

一、奥林匹克文化跨文化传播的背景分析

（一）奥林匹克文化跨文化传播的前提——文化认同

奥林匹克文化的跨文化传播是一种体育文化交流活动，这项交流活动以体育运动为载体，涉及世界各个国家、民族和地区。通过这一特殊的社会文化交流，世界各国人民可以相互沟通、相互了解、和谐相处，共同促进和维护世界和平。奥林匹克文化的跨文化传播由浅入深包含认知和理解、达成共识和引起共鸣以及改变行为三个层次。

奥林匹克运动文化以体育运动为载体，也包含了文化教育，是人类历史上创造的宝贵财富。在奥林匹克运动体系中，奥林匹克文化既是灵魂，也是支柱，其精神内涵和价值具有普遍适用性。人类社会普遍理解奥林匹克文化内涵和思想，世界各国对奥林匹克的文化价值已形成共识，奥林匹克文化发挥自身重要功能，积极推动了人类社会的发展。奥林匹克运动竞争激烈，技艺高超，人们从中享受刺激，获得欢乐，形成一种对身心发展有益和有利于实现自我超越的现代生活方式，它的感染力和号召力是无与伦比的。奥林匹克竞技场上没有偏见、没有歧视，一切都是公平公正的。倡导公平竞争的奥林匹克文化为世界其他文化的传播与发展树立了典范。随着全球化的不断深入，奥林匹克文化广泛传播于世界各地，获得了全球人民的普遍认同、普遍参与和大力支持，从而在世界体育文化体系中占据主体地位。

不同国家和民族的价值观念与文化传统是存在差异的，这主要与历史、自然、社会发展等因素有关。价值观的差异使得不同国家、民族和地区的文化之间彼此冲突。而不同国家、民族之间在其他方面的冲突，根源上都是文化冲突。世界体育文化本身就存在着显著的差异。工业革命后，西方国家凭

借强大的经济实力和采用先进的科技手段将自己的竞技体育文化传播到世界各地，适应工业化和社会发展的西方竞技体育在促进人类进步、培养人类进取精神方面具有显著的功效。因而西方竞技体育文化在与东方传统文化的比较中显示出明显的优势，这是其在世界体育文化中居于强势主导地位的一个重要原因。

在东西方体育文化的冲突中，西方体育文化居于主导地位并不意味着东方体育文化的落后，东方体育文化同样有自己的优势，以中国为代表，中国传统体育文化发展历史悠久，内容丰富，形式多样，功能多元，价值突出，在世界体育文化体系中同样光彩熠熠，耀眼夺目，影响着国内外广大体育爱好者。随着东西方体育文化的不断交流与融合，以西方体育文化为主导的奥林匹克文化逐渐实现了跨国度、跨民族和跨文化的传播，同时对东方体育文化的传播与发展也产生了重要的影响。

（二）奥林匹克文化跨文化传播的基础——文化全球化

全球化是人类跨越空间、文化等障碍，在全世界范围内相互交流、达成共识以及共同行动的过程，是共享人类文明成果的过程。全球化的脚步从20世纪开始就不断加快，全球化发展促进了奥林匹克文化的跨文化传播，为奥林匹克文化的跨文化发展奠定了良好的基础。

奥运会是巨大的全球盛会，参赛国家和参赛运动员不断增加，如1896年第1届奥运会的参赛国家仅有13个，参赛运动员也只有300多名，而2020年东京奥运会，参赛国家达到204个，参赛运动员超过10000名，这充分说明了现代奥运会的规模之大。除了参赛国家和参赛运动员的数量不断增长外，奥林匹克运动组织的数量也不断增加，世界上很多国家都纷纷成立了本国的奥林匹克委员会，组织规模的扩大为奥林匹克文化的跨文化传播提供了重要的组织保障。

奥林匹克文化的跨文化传播离不开现代传媒的参与，现代传媒的普及大大提升了奥林匹克运动的传播效率与效应。奥运会电视实况转播所覆盖的国家和地区不断增加，全球人民都可以在电视机前观看精彩的比赛画面，感受奥林匹克的文化氛围。在奥林匹克跨文化传播中，奥运会的传播无疑居于主导地位，以奥运会为中心向世界传播奥林匹克运动文化取得了卓越的成效。

在信息时代，世界各国的发展都已离不开计算机、互联网，网络技术的全面覆盖和深入渗透影响了人们生产生活的方方面面，体育文化作为重要的网络信息资源而在全世界得到了快捷传播。网络技术的出现使得体育信息的传播速度加快，传播效率提升。奥运会官方网站上发布的大量信息可以极大地满足访问者的需求，为大众了解奥运会提供了便捷的渠道。现代传媒将全球人民与奥林匹克运动的距离拉近了，使奥林匹克文化的影响力遍布世界各地。总之，全球化时代现代网络媒介的更新与发展大大提升了奥林匹克跨文化传播效应。

二、奥林匹克文化跨文化传播的重要策略

（一）树立奥林匹克运动跨文化传播的科学理念

从根本上而言，奥林匹克文化传播就是一种跨文化传播。奥运会举办国通过举办奥运会，不仅可以让世界了解本国，还能使本国了解世界。奥运会为世界各国进行多元文化互动、增进彼此了解提供了良好的机会和舞台，奥林匹克运动跨文化传播理念在奥运会中得到了充分的体现。

奥林匹克运动跨文化传播是一种现代化的传播理念，全球化视野下的跨文化传播超越了狭隘的民族主义和功利主义，目光聚焦点不再只是奥运金牌、民族利益，而更多地关注奥林匹克精神在全球的传播和对全世界人民的教育意义。树立奥林匹克运动的跨文化传播理念，就是要海纳百川，真心诚意地去传播奥林匹克文化，促进世界各国、各民族之间相互了解，增加国际友谊，促进民族团结和世界和平。那些只注重结果而忽视过程，只以奖牌论英雄的国家是无法真正领会奥运精神，也无法真正去传播奥林匹克运动文化的。

（二）促进奥林匹克运动文化的多元共存

多元化是现代奥林匹克文化的重要特征之一，也是现代奥林匹克运动发展的一个重要趋势，奥林匹克文化经历了漫长的发展历史才实现了多元化。奥林匹克运动刚开始得到恢复时，虽然顾拜旦提出要举办世界性的奥运会，但因为当时社会经济条件的约束而无法真正实现“世界性”，而因为奥林匹克文化是以西方文化为主导的，所以当时奥林匹克文化呈现出西方文化尤其是欧洲文化的特性。不管是在奥林匹克活动内容方面，还是在奥林匹克运动组织方面，西方体育都是占主体地位的，这时的奥林匹克文化是单一的。

随着西方体育文化向世界各地的扩张与传播，东西方体育文化的矛盾突显，东方传统体育文化因为西方体育文化的冲击而呈现出边缘化趋势，世界体育文化的平衡遭到破坏，东西方体育文化之间无法平等对话，强势的西方体育文化严重破坏了东方体育文化的发展空间。

随着全球化进程的加快，奥林匹克运动文化发展出现新的战略选择，即文化多元共存，倡导尊重世界各国、各民族体育文化的多样性，将不同国家与民族的优秀文化元素吸收与融合到奥林匹克文化中，真正实现奥林匹克文化的“世界性”，使先进的奥林匹克运动在全世界普及和传播，使全球共享这一文明成果，共同受益。

不同国家与民族的优秀体育文化乃至传统文化对奥林匹克运动文化的世界化与多元化发展都具有重要价值和意义。以中国传统文化为例，我国在北京奥运会上充分展现了中国传统文化的特色和魅力，将中华民族传统文化元素融入奥运会的各个方面，尽显东方文化特色，同时也不失国际水准。只有充分融合不同民族的文化，才能在奥林匹克运动文化的跨文化传播中实现多元文化共存，从而进一步促进奥林匹克文化在全世界的高度认同，使这一先进的体育文化更好地向世界各地传播。

（三）发挥现代传播媒介的传播优势

现代媒体网络的传播效应是传统传播媒体所无法比拟的，现代传播媒介与传统传播媒介的结合使用能够达到传播互补的效果，从而大大提升传播效率，扩大受众规模，提升传播内容的影响力，达到预期的传播效果。现代传媒的发展使人人都有机会成为文化的传播者，同时也能成为传播受众。现代奥林匹克运动的发展离不开现代传媒的大力传播。现代奥运会的成功举办与各种传播媒体尤其是现代网络媒体参与传播有直接的关系。

为进一步传播奥林匹克运动文化，应充分发挥现代传播媒介的优势和传播效应，将现代网络媒体与传统媒体有机结合起来，处理好二者之间的关系，加强对文化传播的舆论监督，对媒体的舆论导向予以正确的把握，对奥林匹克文化的相关信息进行真实客观、及时准确的传播。

总之，现代信息化技术和新媒体参与奥林匹克文化传播将带来更加可观和令人瞩目的传播效益，这一广阔而高效的传播平台将成为现代奥林匹克运动文化持续发展的重要推动力。

（四）营造平等、和谐的氛围

在奥运会举办前、举办期间和结束后，如何利用传播媒介传播奥运会信息来激发民族自豪感，并使举办国放眼世界，宣传国内外体育事业的发展成就，避免狭隘的民族主义心理，这是对举办国国民素质及传播媒体的重大检验和考验。奥运会举办国在奥运会举办前后这段时间要利用各种媒体手段来宣传相关信息，但不可以对本国运动员进行过分报道和渲染，而忽视对其他国家优秀运动员的报道。奥运会举办国应秉着“让世界了解本国”和“让本国了解世界”的原则来进行宣传报道，积极宣传报道其他国家选手的优异成绩，使世界各国人民共同分享喜悦，享受欢乐，这是对竞争与和谐的关系予以正确处理的重要表现，如此有利于营造平等、和谐的世界大家庭氛围。

我国在举办北京奥运会期间，以大国姿态宣传报道奥运会的重要信息，不仅将优秀的中华民族文化展示给全世界，对中国特色社会主义建设的成就进行重点宣传，同时在奥林匹克运动跨文化传播理念的指导下对奥林匹克精神进行广泛宣传，克服了狭隘的民族情绪，为世界各国文化的平等交流提供了重要的机会与舞台，使世界各国通过文化交流而相互了解，相互吸引，相互借鉴，营造出和谐的氛围，为推动奥林匹克运动文化的繁荣发展创建了良好的环境。北京冬奥会的成功举办，正是我国以大国姿态宣传国家冰雪体育文化和世界冰雪文化，促进世界各国冰雪文化的交流与融合的典范。

第四节　文化认同与奥林匹克文化的发展

一、文化认同

（一）文化认同的概念与内涵

奥林匹克文化是新世纪的一种新兴文化，它的发展和延续需要多种文化的支撑。奥林匹克语境下的文化认同不能仅局限于对本民族或国家文化的认同，还应包括对其他文化的认同，也就是对异文化的认同。在全球化高速发展的时代，任何民族和国家只有在本民族文化的基础上不断吸收和汲取其他有利文化，才能使本国文化在全球文化竞争中立于不败之地。因此，文化认同的含义也应该随全球化的高速发展而不断丰富。

郑晓云先生将文化认同描述为“文化认同是人类对于文化的倾向性共识与认可”。这里将文化认同限定在整个人类文化认同上，而不是局限在某个族群或国家的文化认同上。[①]

文化认同具体包括下列两方面的含义。

第一，文化认同是某个文化群体成员对自身文化的接受及理解的过程和

① 张立燕.文化认同视角下的奥林匹克文化发展[D].济南：山东师范大学，2015.

结果，目的是使文化群体成员形成共同的价值观和行为习惯。这种认同具有区别“自我”文化与“他者”文化的重要作用。

第二，文化认同不仅包括对自我文化的认同，还包括对外来文化的接受与认同。

文化认同不是一成不变的，它具有流动性。文化的发展离不开创新，需要我们在传统和本土化的基础上，大胆借鉴与学习异文化，做到除旧立新、取长补短、优胜劣汰，不断构建一种适应时代发展的文化认同，构建理性的文化认同。

（二）文化认同的途径

文化认同的途径概括起来主要有以下几种。

1.自然认同

这是一个民族在其自身发展中所形成的认同方式，主要受该民族的自然环境和生活方式的影响。在自然认同下，一个民族自己创造本民族的文化习惯和生活方式，不受其他民族文化的影响。

2.主体文化辐射中的认同

主体文化是一个国家或地区最为强大的文化，其他文化都受主体文化的影响，一个国家的人民都必须认同本国的主体文化。

3.民族分化、融合中的认同

在民族分化与融合中，一些民族通过改变文化认同而融入另一些民族。我国汉族对匈奴、鲜卑、突厥等少数民族的融合便是典型。

4.文化接触、交融获得的文化认同

这是两种不同文化通过接触、交流而产生的双方文化互相认同的现象。

5.强制认同

这是受国家政权强制而达到的一种文化认同。

二、奥林匹克文化认同

奥林匹克文化认同主要包括以下两层含义。

第一，奥林匹克文化获得东方国家的认同。

第二，西方国家在推广与传播奥林匹克文化的过程中逐渐认识、了解和认同东方体育文化，并主动在奥运会中融入东方体育文化内容。

要使不同国家、民族和地区的人相互获得文化认同，首先必须进行文化的交流、沟通与融合。要想使东方国家认同奥林匹克文化，就必须向东方国家传播奥林匹克文化，宣传奥林匹克精神，促进东西方体育文化的交流，使东方国家在文化交流、交融中逐渐达到对奥林匹克文化的认同。

奥林匹克文化的多元化发展离不开东西方体育文化的交融，在交融过程中东方体育文化获得西方国家的认可，可见异文化的接触、交流是对异文化形成认同的基础和前提。文化接触、交融是奥林匹克文化多元认同最主要的途径。西方国家对奥林匹克文化的认同属于一种自然认同方式。奥林匹克文化认同中不存在非主体文化对主体文化的服从、民族分化与融合中的认同等文化认同途径。

三、奥林匹克文化的多元认同与发展

奥林匹克文化的发展受到奥林匹克文化单一认同的制约和阻碍。文化单一认同会导致奥林匹克文化发展的单一化，也就是奥林匹克文化的西方化，即从开始的西方化倾向发展到最后的全盘西化。如果奥林匹克文化真正到了全盘西化的程度，这一世界性的体育文化只是西方利益的代表，那么很难在全世界普及这一文化，奥运会的举办将会受到非西方国家的反对，奥运会不再是全球共同参与的体育盛会，奥林匹克文化将无法继续在国际化和全球化的道路上继续走下去，而且之前的全球化发展成果也会毁于一旦。所以说，要普及和传播奥林匹克运动文化，必须推动奥林匹克文化的多元化认同。

（一）树立科学而先进的奥林匹克文化认同理念

1.平等理念

奥林匹克运动起源于西方国家，因此，在奥林匹克文化中西方文化的主导地位是不易被动摇的。奥林匹克运动的开展模式是“西方国家带领，非西方国家参与”。虽然西方文化是奥林匹克文化的主体，但绝不能说奥林匹克文化完全代表西方文化或直接将二者等同，否则将导致奥林匹克文化发展的单一化。非西方国家参与奥林匹克运动也不是服从西方文化，奥林匹克文化中不存在服从与被服从的关系，所有的文化组成部分都是相互平等的。世界性的奥林匹克文化只有全世界共同支持和参与才能生存与发展，所以说在奥林匹克运动发展中西方国家只是扮演组织者的角色，而不是独裁者。

在新时期奥林匹克文化发展中，多元文化共存已成为十分重要的发展战略之一。在多元文化共存的语境下，文化的多样性理应得到尊重，各国应对各个国家和民族的优秀文化予以积极吸收和借鉴，摒弃文化歧视的落后观念，公正、平等地对待每个国家和民族的文化。只有不同文化之间平等对话与和谐交流，才符合奥林匹克精神。

2.多元文化认同理念

世界各国是在广泛参与奥林匹克运动的过程中逐渐认同奥林匹克文化的，奥林匹克运动的参与者越来越多，就会有越多的人给予支持，久而久之也会形成愈发强烈的奥林匹克文化认同，从而进一步推动奥林匹克文化的传播与发展。因此，国际奥委会成员尤其是决策人员要主动了解、认同和接受不同国家的优秀体育文化，积极引进更多的优秀文化，平等对待非西方体育文化，不能排斥异文化，真正践行多元文化认同的理念，使奥林匹克运动为全世界服务。

3.“和而不同”的文化理念

世界上有各种各样的文化，不同国家和民族之间的文化应该和谐共处、平等交流，但不能完全被同化，导致文化千篇一律。不同的文化之间未必会产生冲突，反而可以相辅相成，不同文化的和谐相处有利于共生共长。“和而不同”的思想与奥林匹克的多元文化需求恰好相符，有利于我们对奥林匹克文化的多元文化更好把握。

人类体育活动已由奥林匹克运动衔接成一个有机整体，不同国家的体育文化不存在相互分立、非此即彼的斗争，而是在奥林匹克大家庭中共同生长，以一种和谐的方式共处，达到“双赢”的目标。因此说，奥林匹克文化代表着且能够满足各国、各民族的整体利益。

（二）提升文化实力，强化民族个性

奥林匹克文化的多元化离不开东方文化的参与，东方文化要想进一步促进奥林匹克文化的多元化，并在奥林匹克文化体系中突出自己的优越性，就必须不断提升文化实力，强化民族文化个性。

1.提升文化实力

文化只有变得足够强大才有机会获得众人的认可。非西方体育文化在奥林匹克文化中是相对弱势的组成部分，要想获得认同，就必须要加强自身文化的先进性建设，努力提升自身的文化实力。文化实力强并不是说有足够的能力去吞并其他文化，而是要具有凝聚力、吸引力和感染力，能够发挥促进人类文化、奥林匹克文化向前发展的功能。

东方国家在提升文化实力中要努力体现本民族的文化特色和精神特征，要随着时代的发展进行文化创造与创新，彰显本国与本民族文化的顽强生命力和独特魅力。

提升文化实力离不开政府的大力扶持，政府在经济、政治、科技等方面的支持是充分彰显民族文化实力的有力保障，优秀的民族文化有了政府的扶持才能走得更远，变得更强大，得到更多人的认同和支持，有机会在奥林匹克多元文化中发光发热、贡献力量。[①]

2.强化民族文化个性

在文化全球化时代，强化民族文化个性对国家与民族文化的生存与发展具有重要意义，越具有民族特色的文化，就越具有世界性的意义，生命力也就越强。个性是民族体育文化的根本所在，丧失这一根本，民族文化就会走向灭亡，奥林匹克文化也就丧失了多元认同的对象。因此，强化民族文化个性是实现奥林匹克文化多元认同与发展的重要途径。

① 张立燕.文化认同视角下的奥林匹克文化发展[D].济南：山东师范大学，2015.

第三章　民族传统体育文化的传承与现代化发展研究

民族传统体育文化是我国传统文化的重要组成部分，也是我国非常宝贵的非物质文化遗产，传承与弘扬民族传统体育文化对进一步完善我国传统文化发展体系，提升我国文化软实力具有重要价值。在现代社会背景下，民族传统体育文化发展中存在诸多不适应的问题，而且因为一些内外因素的影响，造成了部分民族传统体育文化衰落的局面，当前必须妥善做好民族传统体育文化的传承与保护工作，并立足实际来探索民族传统体育文化的现代化发展路径及国际传播策略，以期推动中华民族传统体育文化的可持续发展。本章着重对民族传统体育文化的传承与现代化发展进行研究，首先，阐述民族传统体育文化的基础理论，分析民族传统体育文化的发展困境，然后，从现实出发来探讨如何传承与保护民族传统体育文化，研究民族传统体育文化的国际传播路径，探索民族传统体育文化与奥林匹克文化的互动发展策略，最后，在提升国家文化软实力背景下提出推动民族传统体育文化发展的建议。

第一节　民族传统体育文化的基础理论

一、民族传统体育文化的概念

民族传统体育是指特定的民族在一定范围内开展的、从传统社会沿袭下来的、具有浓厚民族文化色彩的、对人体生理特征进行改造的各种身体活动的总称。民族传统体育文化指的是各民族在其形成与发展过程中所创造出来的全部体育文化。[①]

民族传统体育文化是中华传统文化的重要组成部分，其源远流长的历史、丰富的文化内涵、独特的表现形式，构筑了中华民族体育文化的宝库。民族传统体育文化大多是以民族的形式发展起来的，民族在其产生、发展过程中所形成的民族语言、民族性格、民族精神面貌、风俗习惯、传统与道德生活方式以及社会关系等，构成了民族传统体育文化的主要内涵。

① 李繁荣.民族传统体育文化及其传承研究[M].济南：山东大学出版社，2014.

二、民族传统体育的文化特性

（一）地域性

中国版图经纬跨度大，东西南北自然地理差异大，各民族“大杂居、小聚居”，各个地域形成了不同的价值观念，进而产生了不同的体育文化。我国各民族不同的生产方式、生活技能和社会风尚产生了各种各样的民族传统体育文化，南方民族多以集体性体育项目为主体，北方民族更多以个体化的体育项目为主。另外，同一地区、同一体育项目由于开展地点不同而存在活动方式和方法的差异。这些地方特点不断汇聚、融合成为一个具有地域性的文化景象。

（二）民族性

尽管民族传统体育的类型和模式不同，但它们既有体育文化的共性、一般特征和基本属性，也带有强烈的民族意识和民族文化气息。各个不同国家和地区传统体育的民族性，主要表现在体育精神、体育外在形式、运动规则和具体要求中。我国民族传统体育文化的民族性主要表现为整体性、和谐性、伦理教化性、保健性等方面。

（三）生产性

体育文化起源于人类生产活动中，民族传统体育以生产为基本支点，因此，民族传统体育文化的产生和发展依赖于技术系统的支持，如马匹是一些民族地区的必备生产工具，由此演化出了马上运动项目。生产性是民族传统体育最基础的文化属性。

（四）认同性

民族认同以血缘认同和民族认同为前提和基础，而深层次的民族文化认同是各个民族团结稳定的保障。一种文化体系以民族为载体，民族又以文化为聚合体。民族传统体育文化作为文化的重要组成部分，在民族文化认同方面不仅具有符号作用，更具备民族文化形象的意义。

三、民族传统体育文化的价值

（一）健身价值

民族传统体育作为重要的健身手段与人类社会文化的发展息息相关，它是人们在长期生产和生活中积累的健身养生的理论和实践，体现了中国古代对生命本质、生命活动规律以及疾病发生等特点的认识，对人类的健康做出了重要贡献，如中华民族传统体育文化倡导直觉体悟的健身思想，突出了“身”“心”的整体性；同时也倡导养练结合的健身思想，这是极具中国特色的健身理论与方法，强调在身体锻炼中要使身体得到均衡全面发展。

（二）历史价值

民族传统体育文化是在特定历史条件下产生并传承下来的特殊文化，其作为历史的产物必然烙有历史印记。民族传统体育文化充分反映了特定历史时期的自然生态状况和社会政治、经济、科技、军事、文化等状况。

民族传统体育文化是历史上原生态的一种保留和反映，因此，其包含有大量的、有价值的历史文化信息。民族传统体育文化的形成与发展与特定时期的某些历史事件或重要人物有关，通过分析民族传统体育文化产生的背景来了解历史。民族传统体育文化的存在形式具有民间性、口传性、非官方性和活态性等特征，其历史价值可以弥补官方历史之类正史典籍的不足、遗漏或讳饰，有助于人们对已逝的历史和文化有一个更真实、全面、接近本原的认识与了解。[①]

（三）审美价值

民族传统体育文化在一定程度上能满足人的审美需要，给人以审美的享受。我国各民族创造了丰富多彩的民族传统体育运动，赋予各项运动美的内涵。每项民族传统体育运动都是民族美的载体。独特的运动形态将民族感情、民族精神、民族风格、民族理念等融合在其审美对象和审美主体之中，使参与者和观赏者获得精神享受。

人们参与民族传统体育，不但可以强身健体，还能获得充分的审美体验，包括自然方面、社会方面以及艺术方面的体验等。从民族传统体育文化的实践角度来看，各种文化的形成过程也是创造和表现美的过程。人们参与和欣赏民族传统体育文化活动，在获得审美愉悦的同时，也能提升审美能力，塑造审美境界。民族传统体育文化的审美价值可以用“赏心悦目”来概括。

（四）人文价值

人文指的是社会的精神面貌和道德修养，是人对自身精神世界的感悟和认知。民族传统体育文化是人类社会独特的文化表现形式，包容了众多传统文化元素，受到传统文化的熏陶，被传统文化所渗透，因而具有鲜明的人文价值观，如中华民族传统体育文化所拥有的“天人合一”“刚健有为”“中庸和谐”等思想。这些基本的人文价值观对各种文化形态的发展产生重要影响。

① 苏航.民族传统体育文化传承创新研究[M].南昌：江西科学技术出版社，2017.

（五）社会价值

社会性是人的根本属性，各种文化活动都离不开人类群体的参与。起源于人类劳动生产和生活的民族传统体育文化直接向生产和生活实践提供服务，具有突出的社会价值。我们虽然无法清晰梳理所有民族传统体育活动的本意，但这并不影响民族传统体育文化的传承，这充分说明民族传统体育文化的生命力顽强、社会价值突出。

民族传统体育文化是弘扬民族精神的重要手段和团结社会力量的精神纽带。舞龙、赛龙舟这样的民族传统文化项目充分体现了“团结就是力量”的精神内涵，也直观反映了民族传统体育文化的社会价值。①

第二节　中华民族传统体育文化的发展困境

中华民族传统体育文化是中华民族的瑰宝和历史财富，传承与弘扬民族传统体育文化具有重要历史意义和现实意义。但在现代社会背景下，民族传统体育文化的发展受到了一定的制约，外来文化的冲击与中国社会转型变迁的影响使我国民族传统体育文化逐渐失去了赖以生存的生态环境，面临诸多现实困境，摆脱这些困境是当前我国振兴民族传统体育文化的重要任务。本节主要客观分析现阶段我国民族传统体育文化发展的主要困境，从而为摆脱现实困境、探索新的发展出路而提供现实依据。

当前，我国民族传统体育文化的发展困境主要表现在以下几方面。

① 刘少英.民族传统体育学[M].北京：民族出版社，2011.

一、现代文化一定程度上冲击着民族传统体育文化的生态环境

上层建筑都是由经济基础所决定的，这是基本的哲学观。民族传统体育是非常具有年代感的一类体育活动，其产生的年代经济落后，社会生活方式单一，而传统体育运动成为当时人们休闲娱乐的主要方式。比如，牧民以赛马为主要娱乐活动，在草原上举行马上运动比赛，赛马活动由牧民自发组织。但在经济高速发展的当代社会中，人们的生活水平发生了翻天覆地的变化，娱乐生活非常丰富，尤其是随着互联网技术的发展和渗透，人人都在享受现代化发展成果，很少参与传统体育活动。一些民族传统体育项目的举办形式和规则是约定俗成的，有时需要几个村落或族群共同参与才能顺利开展，如苗族的“八人秋”运动，现在的村落有明显的群体结构划分，很难将不同村落的人聚集起来，而且在现代观念的影响下，原本用于嫁娶仪式中的“八人秋”运动也被现代流行嫁娶方式替代，民族传统体育文化的生态环境受到很大程度的冲击。

虽然我国很多地方都在努力进行民族传统体育文化的生态保护，但因为现代化建筑、科技设备在保护工作中的大量应用以及人们心态的变化，使一些民族传统体育项目在现代化场景中显得格格不入，很难引起人们对其文化韵味的体会和感受，也容易使民族传统体育文化的传承失去“本真”。

二、传承群体出现断层

民族传统体育文化起源于民间，其传承主体也主要来自民间，对于越古老的民族传统体育运动，越要将其置于民间背景下才能清楚它的发展轨迹，了解其深刻底蕴与丰富内涵。但随着历史的变迁与时代的进步，社会人口结构不断变化，我国出现严重的老龄化现象，农村的年轻人大部分向城市涌进，从而使民族传统体育文化的传承人出现断层危机。再加上民间传承民族

传统体育文化基本都是无偿的，并未获得经济收益，因此一些生活困难的传承者不得不放弃传承之路，这再次增加了民族传统体育文化的生存危机。

民族传统体育文化的可持续发展离不开青少年的传承，但在现代文化观念的影响下，很多青少年都忽视了学习与传承民族传统体育文化的重要性，部分青少年因为这项传承活动与文化学习成绩无关而不去参与，导致传承群体出现断层。此外，真正掌握民族传统体育技能的人是少数，是个别家族，这些家族或个体应该在传承活动中担当大任，但在现代社会发展浪潮中，传承家族的意志发生动摇，这很容易导致一些珍贵的民族传统体育资源销声匿迹。

三、重竞技轻传统，缺乏必要的保护

近些年，我国竞技体育快速发展，取得了辉煌的成就，连续几届在夏季奥运会中取得优异的成绩，竞技水平令世界瞩目。我国竞技体育的发展之所以如此之快，和政府的大力支持有着必然的关系。我国体育事业主要包括竞技体育、学校体育和社会传统体育等几项重要内容，其中，最受重视的是竞技体育。而学校体育、社会传统体育的受重视程度不及竞技体育。虽然素质教育、核心素养等教育理念的兴起改变了传统应试教育模式下学校体育课不受重视的局面，但体育课和其他文化课程相比受重视程度还是不够高，主要表现为体育课时少，文化课占用体育课时间，体育教师少且专业素养较低等，这些问题的存在说明我国还未从根本上改变学校体育的边缘地位。社会传统体育虽然在全民健身背景下受到了一定的重视，但因为社会专业指导人员的缺乏，导致一些社会传统体育活动得不到顺利开展。相对来说，竞技体育颇受重视，我国投入大量资金来发展竞技体育，并制定了一系列发展政策，从多方面予以支持和鼓励，因为国家和政府的大力支持，竞技体育也得到了社会的普遍关注，形成了坚实的社会基础，取得了更好的发展。民族传统体育既是学校体育的重要内容，也是社会传统体育的重要组成部分，尽管国家为保护民族传统体育而出台了相关政策，但在资金、人力等方面的投入较少，而且也缺乏监督管理机制来督促政策执行，导致民族传统体育的发展缺乏动力和保障，陷入困境。

四、西方体育文化的传播给民族传统体育文化带来威胁

西方体育文化以竞技体育为主，西方国家为发展竞技体育而建立了较为健全的组织传播机制以及较为完善的监管体系，而且在市场经济条件下推动竞技体育产业运行，种种原因使得西方竞技体育迅速发展，在世界体坛占据主体地位。西方竞技体育不仅有竞技性，还有较强的娱乐性，这是西方体育文化传入我国后颇受年轻人喜欢的一个主要原因。我国对西方体育的接受度比较高，学校体育教学内容中西方竞技体育占了很大的比重。对比之下，我国民族传统体育文化的发展不容乐观，与西方体育在我国如火如荼的发展局面形成了鲜明的对比。

我国民族传统体育还不具备像西方竞技体育那样强势的吸引力，之所以会这样，主要是因为我国尚未针对民族传统体育文化的保护而建立较为完善的机制，也尚未形成融社会、市场、学校等于一体的多元传播体系，最终导致民族传统体育文化缺乏持续发展的动力。此外，我国很多民族传统体育项目文化色彩浓厚，缺乏严谨的规则，给传播带来了难度，无法像西方竞技体育文化那样在全世界广泛传播。

五、民族传统体育文化的传播路径单一、传播内容单调

（一）传播路径单一的现状

当前，我国民族传统体育文化的传播依然以传统模式为主，如“地缘式”传播、“亲缘式”传播和“师徒式”传播，它们的共同特点是心口相传，

传播范围、传播规模和传播效果都十分有限。多元传播路径的缺失使民族传统体育文化无法像西方竞技体育文化那样遍布世界各地。

当前，西方体育文化在我国占据了较大的市场，有很高的曝光度，中央体育频道对国外体育赛事频繁转播。相比而言，我国民族传统体育文化的输出渠道很窄，很单一，而且体育频道很少直播或转播民族传统体育比赛，和民族传统体育文化相关的新闻也很少出现在新媒体平台上，更没有这方面的专栏。美国职业篮球联赛、欧洲足球联赛等国外体育赛事在我国广受年轻人的关注，但了解民族传统体育文化的年轻人却很少。民族传统体育文化在我国缺乏广泛的受众群体。在文化全球化的浪潮中，西方竞技体育文化的强势涌入一定程度上覆盖与排挤了我国民族传统体育文化，导致民族传统体育文化岌岌可危。

（二）传播内容单调的现状

民族传统体育文化传播除了传播路径单一外，还存在传播内容单调的问题。很多人提起体育运动的功能，第一反应就是强身健体。不否认强身健体是体育的根本功能，但除了这一功能外，还有其他重要功能，如教育功能、社会功能等。只知道健身功能的思维定式也就是“知其一不知其二”，这种固定思维限制了体育文化的广泛传播。

我国民族传统体育的娱乐化形式单一，包装不够，传播内容以武术、太极拳、龙狮运动等大众喜闻乐见的项目为主，很多颇具民族色彩和能够反映中华民族传统体育文化特色的优秀民族传统体育项目没有得到传播，这一定程度上与我国民族传统体育的地域性特征有关。对这一特征的过分强调导致民族传统体育文化在传播过程中被贴上地域“标签”，限制了其在各个地区的广泛普及。如果用现代体育的标准对民族传统体育进行衡量，那么可以将其归入原生态体育的范畴中，也就是说还处于体育运动的初级发展阶段，要深入挖掘民族传统体育资源，广泛普及民族传统体育文化，就必须将严格的地域限制打破，实现民族传统体育文化的普适性。

第三节　中华民族传统体育文化的传承与保护

一、中华民族传统体育文化的传承

中华民族传统文化灿烂辉煌，博大精深，这是中华民族五千年的文明成果。作为中华民族传统文化的重要组成部分，中华民族传统体育文化的起源与演变、繁荣与发展都与传统文化息息相关。民族传统体育文化在不同的历史阶段都与当时的传统文化密切联系，在漫长的发展历史中较为完整和统一的民族传统体育文化体系逐渐形成。在现代文明背景下，要使民族传统体育文化体系不断健全和完善，并继续发挥作用，就要找到一种与其相互对应的现代发展方式，也就是说要在现代文明社会背景下来传承与保护民族传统体育文化，与时俱进，与时代相呼应，促进民族传统体育文化实现新的发展。在西方文化和现代文明的冲击下，民族传统体育文化要寻求新的表达方式来彰显态度，提升自信和软实力，这就需要以我国迅速发展的科技、经济等硬实力和不断提升的文化软实力为依托，对民族传统体育文化的传承土壤进行培育。只有依托中国社会大环境，才能在民族传统体育文化传承中保留底气和彰显自信，才能使民族传统体育文化尽快走出传承困境，开辟更广阔的天地。

下面具体从中华民族传统体育文化的发展现状出发来探索其在新时期的传承路径。

（一）以政府为主导、制度建设为导向

国家政策是我国民族传统体育文化传承与发展的重要动力支持，有效传承民族传统体育文化需要充分发挥政府的主导作用和宏观调控职能，这是非常重要的基础和前提。政府发挥公共职能尤其是文化职能，有助于促进民族传统体育文化的传承与发展，而民族传统体育文化的传承又是推动我国体育文化多元化发展的重要条件，是我国落实文化强国战略的关键渠道。传承被称为“中华民族文化符号”的民族传统体育文化具有重要现实意义。政府应从政策上引导中华民族传统体育文化的重塑过程，采取有效的政策手段使民族传统体育文化在传承中保持自身特色，并结合民族传统体育文化的特征和传承需求而对科学可行的传承方案予以制订，同时也要对国外先进文化的传承经验予以借鉴。

为加强民族传统体育文化的传承，我国相关政府部门应制定相关的政策法规，将“记忆工程”和“活态保护”结合起来进行传承，在传承过程中既要进行纵向挖掘，也要把握好横向的“尺度”，因地制宜地传承与保护不同地域的民族民间传统体育文化。

政府还应充分利用各种媒介资源来宣传关于传承中华民族传统体育文化的重要意义，从法律层面对传承者予以保护，并利用法律的权威性来激励大众积极参与民族传统体育文化传承工作。在民族传统体育文化传承中还应做好生态环境建设，为民族传统体育文化的持续发展提供良好的环境与空间。科研部门也要做好对民族传统体育文化传承的理论研究，为民族传统体育文化传承实践提供科学的理论指导。

（二）坚持区域统筹与多元化发展相结合

在民族传统体育文化传承中，区域统筹是一项至关重要的要求和选择，随着城镇化进程的加快和都市化水平的提升，城乡二元结构正在逐步消解，在这一社会背景下传承民族传统体育文化，要强调尊重历史和客观事实，将民族传统体育的文化内涵准确把握好，适当吸取和借鉴外来体育文化的发展经验，促进我国民族传统体育文化的全面协调发展。

传承民族传统体育文化是一项非常庞杂的系统工程，传承体系的构建需要政府部门、社会组织、非物质文化遗产传承人及其他相关人员等多方共同努力和协同配合，各类传承主体应基于共同的理性认识而携手推动中华民族传统体育文化传承，将民族特色、民族自信充分彰显出来，并在传承中对民族传统体育文化的本质与核心要素予以挖掘，从根本出发而促进民族传统体育文化的多元化发展。

（三）注重弘扬传统，加强环境建设

在民族传统体育文化传承中，要时刻谨记弘扬传统、保存本真这一本质要求，从中华传统文化肥沃土壤中发端的中华民族传统体育文化在几千年的发展历史中经历大浪淘沙、去伪求真的漫长过程，最终在世界民族传统体育文化中以独特的地域特色和民族风格而大放异彩。可见，弘扬传统和保存本真是文化传承中必须遵守的要求。

传承民族传统体育文化需要有良好的传承环境，这是必不可少的物质基础和重要条件，加强传承环境建设至关重要，具体要完善相关组织机构，优化传承空间，营造传承氛围，提升传承者的综合素养，并坚持活态传承和动态传承的基本原则。

二、中华民族传统体育文化的保护

中华民族传统体育文化已有几千年的发展历史，但现阶段因为社会思想观念的变化、外来文化的冲击及其他因素的影响而出现衰落势头，甚至有消亡的痕迹。对此，我们必须加强对民族传统体育文化的保护，在保护的同时推动民族传统体育文化向前发展。

保护是第一任务，如果没有保护，民族传统体育就会不断减少直至完全消亡，这将对中华民族的发展造成巨大的损失。下面结合新时期背景来对民族传统体育文化的保护策略展开研究。

（一）建立专门的保护机构

要保护好民族传统体育文化遗产，就要对文化行政部门这一专门的保护部门加以建设，在专门部门的带领下，结合社会力量来大力保护民族传统体育文化。在民族传统体育文化遗产的保护实践中，一般涉及的领域比较多，牵涉的部门也不少，而且要开展很多具体的工作内容，因此建立专门保护机构，发挥专门机构的引导与协调作用非常重要。

当前，在商品化经济背景下，我国要发展文化产业存在较大的难度，对此必须由专门的部门采取行之有效的措施来解决这一问题。我国建立专门的民族传统体育文化保护机构具有以下两方面的意义。

第一，可以更好地将国家相关政策在现实中落实，有组织地执行上级计划，提升民族传统体育文化的保护效率和质量。

第二，可以较为系统地调查和研究地方民族传统体育文化的相关问题，从而为政府部门制定相关政策法规提供现实参考。

国家成立民族传统体育文化保护的专门机构后，应配备专业人员来开展工作，以提升机构的运作效率和质量。一般来说，配备的专业人员既要有丰富的理论知识，又积累许多成功的实践经验，这样的专业人员更有利于开展保护工作，提升保护效果。

（二）构建科学的法律保护模式

民族传统体育文化遗产保护是所有公民的一项基本权利。民族传统体育文化遗产保护法的效力应在行政法规之上，这是立法的广泛民主性在形式上的必然体现，是立法内容在实质上贯彻民主原则的重要保障。从本质上说，民族传统体育文化遗产保护的权利是一种私权，但如果离开了宪政基础，权利就失去了正当存在理由。

目前，我国已经逐渐建立起了以公法保护为主、以私法保护为补充的民族传统体育文化遗产保护体系。在强调民族传统体育文化遗产的公共属性及其在传承中促进社会主义精神文明建设的重要作用的同时，通过私法来保护民族传统体育文化遗产开发利用中相关私权利益，特别是传承人的物质与精神利益。完善民族传统体育文化遗产保护的私法，尤其是在商品化过程中的法律保护，不仅能有效保护各权利主体（传承人）的权利，而且能够更为有效地促进民族传统体育文化遗产开发利用中的利益再分配，使之更加适应市场经济环境，进而鼓励相关主体对民族传统体育文化遗产的活态传承。[①]

（三）加强宣传教育，提升大众保护意识

在现代主流文化的冲击下，很多民众认为我国民族传统体育文化相对落后，然后选择扬弃。针对这一问题，必须加强关于民族传统体育文化重要性的宣传和教育，让大众真正发现民族传统体育文化的特殊意义，理解民族传统体育文化是劳动人民耕耘的成果。

政府在民族传统体育宣传教育中要扮演教育启蒙人的角色，引导人民群众正确认识民族传统体育文化，增强其民族自豪感和认同感。

在民族传统体育文化的宣传教育中，要促进现代体育与民族传统体育的融合与创新发展，使大众更加关注与理解民族传统体育，充分发挥民族传统体育文化的独特价值。

第四节 中华民族传统体育文化的国际传播

在世界体育发展中，中华民族传统体育发挥着自身的独特价值，对促进世界体育发展起到重要作用。但是，拥有特殊价值的中华民族传统体育文化

① 陈中华.论民族传统体育文化遗产保护[J].福建茶叶，2019，41（01）：322-323.

并未在世界各地广泛传播开来，这是当前我国体育文化发展中迫切需要解决的一个问题。中华民族传统体育文化具有独特的民族文化特性，其在全球的传播受阻一定程度上与以西方体育文化为主体的奥林匹克运动文化的全球化传播有关。我国一些民族传统体育项目甚至因为西方体育文化的冲击而濒临灭亡。我国民族传统体育文化在国际上传播不力也直接影响了中国在世界体坛的话语权。要解决这一问题，必须大力推动我国民族传统体育文化的国际化传播，从现实出发而探索多元有效的全球传播路径。下面就中华民族传统体育文化国际化传播的现状与建议展开分析与探讨。

一、民族传统体育文化国际传播的基本条件

对于推行民族传统体育文化国际传播的主体来说，需要具备以下几个条件。

（一）价值观念

价值观念的认同是民族传统体育文化国际传播的首要条件，正所谓“道不同不相为谋”，我国民族传统体育文化的特征与奥林匹克的宗旨完全契合。所以，要树立文化共享的科学观念，坚决反对文化功利主义，在共同价值观的基础上走国际化之路，从而达到双赢目的。

（二）语言基础

在文化国际化交流中，语言沟通是前提条件，要有共同的语言基础。我国民族传统体育中有些门派、套路动作的概念模糊，术语不够严谨规范，很难从文化的角度解释清楚，所以很难在国际上传播。再加上专门的研究和翻译比较少，只靠音译和口口相传则难以达到良好的传播目的。

（三）文化精神

世界文化交流是一个循序渐进的过程，需要每一代人不间断的努力。例如，西方传教士坚持不懈地传播宗教文化，他们的文化精神值得我们学习。我们只有有韧劲，努力坚持，不断改进，主动融入，才能实现更好的国际传播效果。

（四）方法技巧

我国与不同国家、民族进行文化交流要采用不同的策略和方法，而且交流项目不同，交流方法也不同，要避免千篇一律，更不能走所谓的捷径，要采取可靠的方法，同时要讲究技巧。

二、全球化视野下中华民族传统体育文化的国际化传播策略

（一）加强对各类传播主体的培养

1.建立专门培训机构

民族传统体育文化的传播离不开专业人员和专业设施，因此应建立国家层面的民族体育培训中心，配备优秀的专业人才，充分发挥专门机构和专业人才的重要作用。

2.鼓励多元主体进行传播

我国许多文化传播机构和文化企业在文化传播中发挥了重要作用，然而对民族传统体育文化的传播比较少。我国政府应制定相应政策鼓励这些企业和机构加强对我国民族传统体育文化的国际传播。

3.培养综合性人才

我国要培养既掌握现代沟通技巧，又能深入理解中国民族传统体育文化内涵的高素质传媒人才。他们是民族传统体育文化传播的国际化窗口，将有力地推动我国民族传统体育文化的国际传播。

（二）完善译介方式

我国在开展民族传统体育文化对外翻译工作时，应树立高度的文化自信、文化自觉。目前，中国民族传统体育文化的对外译介方式主要有归化翻译和异化翻译两种，二者各有优缺点，针对这一问题，建议在对外翻译过程中结合语境，将两种翻译方式相融合，以最大程度上保留传统体育文化的内涵，并增进译入地受众的理解。①

随着科技的不断进步，对外译介的方式也应更为完善，如在对外翻译的著作中印上二维码，使读者通过扫描二维码获取视频、图像及音频资源，降低西方受众的学习难度，增加学习兴趣，进而提升民族传统体育文化的国际传播深度与传播广度。

（三）丰富传播内容和方式

1.丰富传播内容

民族传统体育文化从表层技艺、中层养生到深层文化等都是非常重要的传播内容，进一步丰富传播内容将能够满足庞大受众群体的需求。

2.利用文化作品加强传播

利用各种形式的文化作品传播民族传统体育文化是非常实用的国际化传

① 文彩凤.我国少数民族传统体育文化的国际传播研究[J].当代体育科技，2021，11（11）：184–187.

播方法。在媒体融合的新时代，应充分利用微电影、动漫、游戏等新的方式来传播民族传统体育文化，让更多海外受众喜爱我国民族传统体育。

3.进行娱乐性传播

在民族传统体育文化的国际传播中，应采用娱乐性的传播方式，突出传播内容的娱乐功能。追求娱乐性是人的本能，民族传统体育文化传播也应符合现代人享受生活、娱乐休闲的特点，使国外受众在中国民族传统体育中获得身心放松的愉快感。

（四）满足不同阶层受众的需求

海外观众接受中国体育文化具有鲜明的目的性。不同性别、年龄、职业和地方的人对体育项目都会有多样化的需求。因此，在进行民族传统体育文化的国际交流和传播前，首先需要调查观众的独特需求、访问和使用媒体的习惯、消费习惯等，并采取相应措施来满足不同观众的需求。无论是政府机构，还是有影响力的民间社会组织，或是文化企业，都可以充分利用合理手段来收集关于潜在受众的信息，深入调查其需求，从而便于我们筛选传播内容与方法，进一步促进民族传统体育文化国际传播的细化与精确化。①

（五）创建民族传统体育文化的国际交流平台

现阶段我国在国际范围内传播民族传统体育文化，可以在国际范围内建立包括社会民众、官方政府、新闻媒体、商业交流等在内的多元传播平台。在政府部门的引领下，促进社会民众间的交流和沟通，采取科学措施推动我国与其他国家的体育文化交流，在促进世界体育文化发展的基础上实现国家间的利益共享，弥补我国民族传统体育资源的不足，促进文化资源优势

① 江纪英.全球化环境下民族传统体育的国际交流及传播[J].运动精品，2019，38（12）：78–79.

互补。

在全球化环境下促进我国民族传统体育的国际交流和传播，需要在相对稳定的国际交流平台上与西方体育文化进行有实际意义的交流和沟通，在坚持中华民族传统体育底蕴和特色的基础上，注重形式和内容的创新，以促进我国民族传统体育文化的国际化发展。

（六）利用先进网络传播渠道

1.利用多种媒体平台进行传播

基于现代流行的社交媒体，可以使用微信、微博等新媒体平台来向世界各地传播民族传统体育文化，扩大受众范围，强化传播效果。此外，利用具有交互功能的网络平台从多方面宣传和推广民族传统体育文化的优秀成果也具有非常重要的意义。

2.在媒体融合趋势下进行传播

在媒体融合的通信环境下，可以利用报纸、广播、电视、网络、手机等媒体平台，对民族传统体育文化的传播信息集中整合，使各种信息在媒体上不断流传，重复使用，从而构建综合通信网络。

3.加快全球媒体的整体布局

推动我国民族传统体育文化的国际传播，还需要加快全球媒体的整体布局。只有依靠全球蔓延的传播路径才能传播民族传统体育文化的“全球内容”，因此，必须建立全球媒体传播平台。民族传统体育国际传播的分销媒体平台是全球化布局的基础和支撑，可以通过国际交流渠道来建立媒体公司在国外的扩张机制，从而提升国际传播地位。①

① 杨春.我国民族传统体育文化国际传播的问题与对策研究[J].中华武术（研究），2019，8（08）：76-78.

三、民族传统体育文化的国际传播实证——以太极拳技术传播为例

太极拳是中华武术的重要组成部分，是中华民族传统体育文化的优秀代表和典型载体，承载着中国传统文化的历史，肩负着弘扬民族传统体育文化和民族文化的重任。加强太极拳的国际传播对弘扬我国民族传统体育文化和提升我国民族传统体育文化软实力具有重要意义。因此，这里主要以太极拳传播为例来展开民族传统体育文化国际传播的实证分析与研究。太极拳国际传播中以太极拳技术传播为重点，旨在使国外受众了解中华民族传统体育的特色，体会其健身功效。为了降低国外传播对象的学习难度，我们在太极拳技术传播中应主要传播太极拳基本功和24式简化太极拳套路，并进行准确的翻译，附上直观形象的教学视频。24式简化太极拳套路的动作方法如下。

（一）第一组

1.起势

左腿向左移一步的距离，两臂平行向前举，双膝稍屈按掌。

2.左右野马分鬃

抱手收脚，转体迈步，弓步分手；转体撇脚，抱手收脚，转体迈步，弓步分手。

3.白鹤亮翅

跟步抱手，臀部后坐同时转上体，虚步分手。

（二）第二组

1.左右搂膝拗步

腰部与胯部放松，肩下沉，肘下垂，弓步推掌。

2.手挥琵琶

跟步展臂，身体后坐挑掌，虚步送手。

3.左右倒卷肱

转体撤手，提膝屈肘，退步错手，虚步推掌。

（三）第三组

1.左揽雀尾

转体撤手，抱手收脚，迈步分手，弓步掤臂，转体摆臂，转体后捋，转体搭手，弓步前挤，后坐收掌，弓步前按。

2.右揽雀尾

转体撤手，抱手收脚，迈步分手，弓步掤臂，转体摆臂，转体后捋，转体搭手，弓步前挤，后坐收掌，弓步前按。

（四）第四组

1.单鞭（1）

转体摆臂，勾手收脚，转体迈步，弓步推掌。

2.云手

转体扣脚，转体松勾，收步云手，开步云手。

3.单鞭（2）

转体勾手，转体迈步，弓步推掌。

（五）第五组

1.高探马

跟步松手，身体后坐并翻手。

2.右蹬脚

穿掌提脚，迈步翻手，分手弓腿，跟步合抱，提膝分手，分手蹬脚。

3.双峰贯耳

屈膝落手，迈步分手，弓步贯拳。

4.转身左蹬脚

转体分手，收脚合抱，提膝分手，分手蹬脚。

（六）第六组

1.左下势独立

收脚勾手，屈膝下蹲成开步，仆步穿掌，弓腿起身，独立挑掌。

2.右下势独立

落脚勾手，屈膝下蹲成开步，仆步穿掌，弓腿起身，独立挑掌。

（七）第七组

1.左右穿梭

落脚转体，抱手收脚，迈步错手，弓步推架；转体撇脚，抱手收脚，迈步错手，弓步推架。

2.海底针

跟步松手，身体后坐并提手，虚步插掌。

3.闪通臂

提手收脚，迈步分手，弓步推掌。

（八）第八组

1.转身搬拦捶

转体扣脚，坐身握拳，垫步搬拳，转体收拳，上步拦掌，弓步打拳。

2.如封似闭

穿掌翻手，身体后坐并收掌，弓步按掌。

3.十字手

转身扣脚，弓腿分手，转体落手，收脚合抱。

4.收势

翻掌分手，分手下落，双脚并立还原起始姿势。

第五节　民族传统体育文化与奥林匹克文化的互动发展

一、中华民族传统体育与奥林匹克文化的互动关系

（一）民族传统体育文化促进奥林匹克文化的多元化发展

在奥林匹克运动的发展中，中华民族传统体育文化作出了重要的贡献，不仅从其参与奥林匹克运动中体现出来，还从其促进奥林匹克运动发展壮大这方面反映出来。下面具体分析民族传统体育文化是如何促进奥林匹克运动文化多元化发展的。

1.缓解奥林匹克文化单一现象

奥林匹克运动在全球化进程中迅速发展，但也因为全球化而出现一些问题，如对西方体育文化过分强调造成了奥林匹克文化的单一化。文化单一不仅对世界上其他民族体育文化的发展构成了严重威胁，而且长远来看对奥林匹克运动文化的可持续发展也是非常不利的。

奥林匹克运动发展的根源就是文化多样性，因此，我们必须及时改变奥林匹克文化的单一化局面，促进其多样化发展。北京夏季奥运会和北京冬奥会的成功举办为奥林匹克运动文化的多元化发展提供了良好的舞台，我国在奥运会上弘扬的中华民族独特价值观念、思维模式积极影响了奥林匹克运

动，为奥林匹克运动文化的持续发展增添多元色彩。

2.促进奥林匹克教育的多元化

奥林匹克运动的发展以教育为核心。顾拜旦在奥运会复兴中提出教育青年，促进青年全面发展是进行复兴的宗旨和目标。在全球化视域下，推动奥林匹克教育的全球化具有重要意义，世界各民族的优秀教育思想和教育理念都应被纳入奥林匹克教育中，只有将各民族的先进教育思想融合起来，才能实现奥林匹克教育的世界性发展与演进。我国举办奥运会也进一步普及了奥林匹克教育，中国民族传统体育文化中所包含的独特教育思想和教育资源也使奥林匹克教育的宝库更加丰富。

（二）奥林匹克运动促进民族传统体育文化的转型与世界化发展

奥林匹克运动对我国民族传统体育文化的影响是多方面的，下面具体分析其促进我国民族传统体育文化现代化转型与世界化发展的重要意义。

1.推进民族传统体育文化的现代化转型

19世纪末期，西方国家就开始进行体育文化的现代化转型了，在转型过程中向世界各地传播自己的体育文化。当时美洲、非洲的民族文化相对落后，因此，对传入国内的西方体育文化几乎全盘吸收，也开启了体育文化的现代化转型进程。与此同时，我国民族传统体育文化因为文化底蕴深厚，根基牢固，因此在西方体育文化传入我国后并没有对其全盘照抄，而是在与西方体育文化的碰撞中形成了一种新的转型方式，即继发性转型，这不同于美洲、非洲的体育文化转型。继发性转型说明我国对西方体育文化的态度是既排斥又吸纳，吸纳先进的部分，排斥违背中华民族文化理念和精神的内容。当时，我国体育文化的转型并不是现代化转型，而真正开始全面向现代化转型是在中华人民共和国成立之后。我国传统体育文化的现代化转型之路是艰难曲折的，我国成功举办北京奥运会后，西方体育文化精神深深注入中国传统体育文化中，对我国传统体育文化的现代化转型起到了重要的推动作用。

2.推动民族传统体育文化走向世界

对于中华民族传统体育文化来说，全球化既是难得的机遇，也是巨大的挑战。在文化全球化背景下，世界各国、各民族的体育文化频繁交流、互动，世界各民族的传统体育文化都有机会走向世界。而我国成功举办北京奥运会后，民族传统体育文化走向世界的步伐明显加快。中国体育文化受到世界各地的关注，我国传统体育文化的独特风格与丰富内涵在奥运会舞台上展现得淋漓尽致，引起了国外广大观众的关注。此后，我国与世界各国的体育文化交流不断增加，为中华民族传统体育文化走向世界开辟了广阔的空间。

二、中华民族传统体育文化与奥林匹克文化融合发展的建议

中华民族传统体育文化与奥林匹克文化的互动与融合发展是文化全球化的必然要求，也是二者国际化发展的必然选择。我们应在保证中华民族传统体育文化与奥林匹克文化有效整合的基础上促进二者融合发展。

（一）唤醒对民族传统体育文化的自觉

要有效整合民族传统体育文化与奥林匹克运动文化，必须唤醒对民族传统体育文化的自觉，对民族传统体育文化形成强烈的文化认同，对民族传统体育文化的特色和个性予以维护，提升民族传统体育文化在世界体育文化中的地位，充分发挥其独特价值。

（二）文化移情

在民族传统体育文化与奥林匹克文化的融合发展中，文化移情指的是要使民族传统体育文化努力摆脱自我束缚，摆脱不良因素的影响，对于外来奥

林匹克文化要予以尊重，主体接受，积极体验，与包括奥林匹克运动文化在内的其他西方体育文化进行交流，淡化世界不同民族间长期以来一直存在的文化偏见，促进民族传统体育文化与奥林匹克文化的充分整合。

（三）求同存异

求同存异是民族传统体育文化与奥林匹克文化有机整合及协同发展的重要方法与手段。

求同指的是民族传统体育文化和奥林匹克文化以相同的文化利益为前提，促进二者共同价值观的扩大，从而在人类体育事业的主要方面达成一致和共识。

存异指的是我们要对奥林匹克运动文化的价值观予以尊重，认同体育文化的多样性，并坚持对中华民族传统体育文化个性的保留。

第六节　国家文化软实力提升背景下中国民族传统体育文化的发展策略

国家文化软实力是指一国价值观念、社会制度以及发展模式等文化因素在国内外所产生的影响力，包括在国内产生的动员力、引导力和凝聚力，在世界上产生的说服力、渗透力和吸引力。我国从国家层面提出提高国家文化软实力的重要性与相关要求。作为我国文化的重要组成部分，民族传统体育文化的发展也要以提升自身的软实力为目的，并要在提升国家文化软实力背景下来探索发展策略，以促进国家文化软实力的整体提升。

一、提升民族传统体育文化软实力的途径

体育文化软实力的提出对我国建设文化强国和体育强国具有重要意义。体育文化软实力本身具有重要的作用，发挥着举足轻重的价值，其作用机制如图3-1所示。民族传统体育文化软实力作为体育文化软实力的重要组成部分，其重要作用的发挥同样遵循图3-1所示的作用机制。

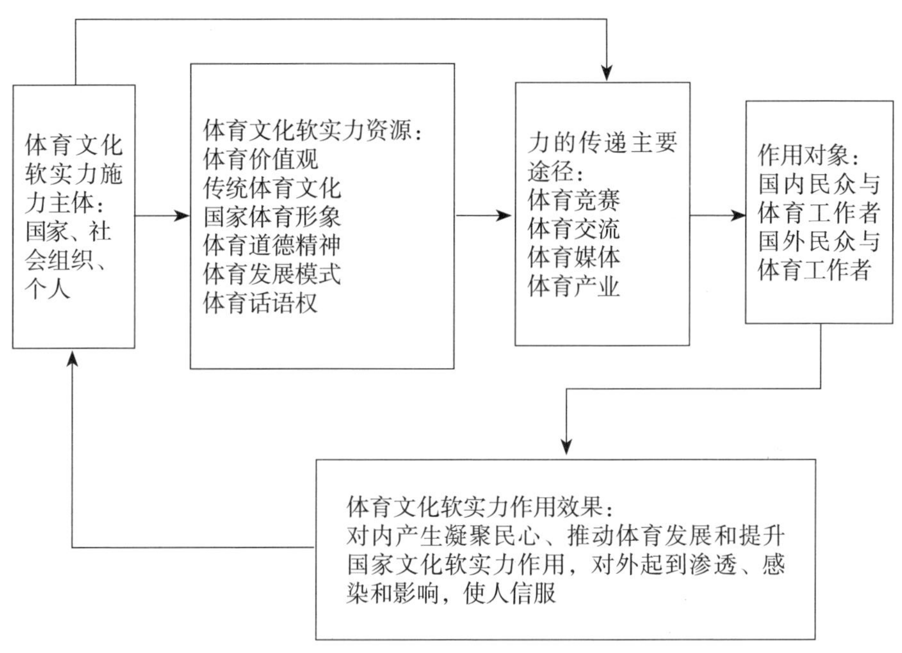

图3-1　体育文化软实力的作用机制[①]

在上述作用机制的引导下，我们重点从下列几方面来促进民族传统体育文化软实力的提升。

① “提升我国体育文化软实力核心问题研究”课题组.中国体育文化软实力及其提升[M].北京：科学出版社，2015.

（一）政府部门提供全面支持

我国政治、经济、文化及教育的发展都离不开政府的推动与捍卫，政府的引导和帮助对民族传统体育文化的发展而言至关重要。政府部门应加强对民族传统体育文化的重视，为其提供资金支持、物力支持、人力支持、政策支持、宣传支持等全方位的支持，从而为推动民族传统体育文化软实力的提升而提供更加充分的保障。

（二）加大媒体的宣传力度

民族传统体育文化的发展离不开媒体的宣传，将各种媒体资源充分利用起来，加大宣传力度，对全社会产生强大的吸引力，促进社会大众对民族传统体育的认同感提升，激发大众保护民族传统体育文化的欲望和责任感。在新媒体时代，网络媒体资源以其传播的广泛性、便捷性和即时性等优势而在社会各领域得到广泛应用，我们要利用新媒体的优势而扩大对民族传统体育文化的宣传范围，提升宣传效率和效果。

（三）借助民族传统节日来弘扬文化

民族传统节日是民族传统体育文化的重要起源之一，民族传统体育活动历来活跃在各大民族传统节日中。在民族传统节日中开展丰富多彩的民族传统体育文化活动，能够充分展现传统文化的魅力，促进传统文化的弘扬与传播，同时还能活跃节日氛围，并使更多的人认识、认可及参与民族传统体育活动，扩大基础，提升民族传统体育文化软实力。

（四）将民族传统体育纳入学校体育课程

学校是传承与保护民族传统体育文化的重要单位，也是培养人才的主要阵地。要提升民族传统体育文化软实力，就要夯实群众基础，提升其在学校教育中的地位，利用学校这一重要场所来推广与弘扬民族传统体育文化。因此，将民族传统体育项目引进学校体育课程具有重要意义。各地要从实际情况出发而开设民族传统体育课程，对学生的民族文化情怀和民族认同感进行培养。

（五）塑造优秀的民族传统体育品牌

民族传统体育文化软实力应以民族传统体育品牌为重要标志，民族传统体育文化在国际上的吸引力和竞争力一定程度上是由其品牌效益所决定的。人们往往仰慕独树一帜的品牌文化，创建具有中国特色的民族传统体育品牌，有助于获得更多国内外群众。在实践工作中，要积极培养与大力宣传优秀民族传统体育品牌，在市场经济条件下完善品牌的传播机制，开辟市场，提升竞争力。

二、提升国家文化软实力视角下中华民族传统体育文化的发展对策

（一）坚持民族传统文化的核心价值

中华民族传统体育文化对追求人生理想与意义、天人合一、身心双修等非常重视，并做了重要强调，这显然不同于西方竞技体育的发展理念。要推动民族传统体育文化的弘扬与发展，就应该将其中的个人主义因素、功利主义因素去除，对民族传统文化的核心价值持坚决的维护态度，使民族传统体育文化在国内外都产生极强的吸引力。开展民族传统体育运动会也要坚持民族传统文化的核心价值，弘扬民族精神。在运动会举办过程中，各族同胞聚集起来，相互切磋交流，有助于促进汉族和少数民族传统体育文化的协同发展。

（二）加强民族传统体育硬件设施建设

开展民族传统体育活动，必然离不开基础硬件设施，这是不可缺少的基础条件和基本保障。我国民族传统体育硬件设施建设一直不乐观，主要与思想上不重视、场地空间有限、资金少等原因有关，场地设施的缺乏限制了民族传统体育的发展。从长远来看，必须加大资金投入力度和思想重视程度来改变这一现状，满足大众从事民族传统体育活动的基本需求，从而为弘扬民族传统体育文化奠定良好的群众基础。

（三）开发利用民族传统体育课程资源

在学校体育文化建设中引进民族传统体育项目，开设民族传统体育课程，组织课外民族传统体育活动，对推动民族传统体育文化的发展具有重要意义。在学校民族传统体育发展中，要深入开发与充分利用民族传统体育课程资源，尤其要结合地方特色而开发校本化课程资源，引进地方色彩鲜明和民族风格突出的民族传统体育项目，吸引学生的注意力，培养学生的兴趣，提高学生学习的积极性，进而提升课程教学质量。

（四）适当改造民族传统体育项目

在民族传统体育文化的传播与发展中，有些项目因为诸多因素的影响而在实践中缺乏一定的科学性，引起了参与者的质疑。对此，要结合具体情况，适当改造不适合当代社会背景的民族传统体育项目，在改造过程中要保留其本真和特色，不破坏其本来的民族性，通过改造来消除人们对项目的偏见，通过充分发挥该项目的民族价值来促进大众民族认同感和民族凝聚力的提升，进而促进国家文化软实力的提升。

第四章　休闲体育文化的发展现状与创新

随着我国经济的发展和人民生活水平的不断提高，人们有了更加多元和更高层次的需求，大众生活逐渐向休闲化方向发展。休闲体育文化可以愉悦人的身心，使人释放压力，放松自我。参与以娱乐休闲为目的的休闲体育文化活动成为人们休闲生活的重要内容之一，休闲体育文化在现代人生活中的地位越来越重要。我国休闲体育文化发展起步较晚，当前面临诸多发展困境。随着大众休闲需求的日益增长，进一步推动休闲体育文化发展显得越发重要。本章主要对我国休闲体育文化的发展现状与创新策略进行分析与研究，首先，阐述休闲体育文化的基本理论，其次，调查分析我国休闲体育文化的发展现状与趋势，再次，对城乡休闲体育文化的特色化发展策略进行探索，最后，结合冬奥会背景来探讨冰雪休闲体育文化的传播与发展。

第一节 休闲体育文化概论

一、休闲体育文化的界定与内涵

（一）休闲体育文化概念的界定

休闲体育是人们在余暇时间所进行的，以满足自身发展需要和愉悦身心为主要目的、具有一定文化品位的体育活动。休闲体育文化是人们通过体育运动的方式，在休闲的实践过程中创造并共同享有的、关于这一社会现象的物质实体、价值观念、制度规范及其行为方式的总和。[①]

休闲体育文化的概念中首先是把休闲体育看作一种社会文化现象，一种同时存在于休闲文化和体育文化中的文化现象，休闲体育文化是休闲文化和体育文化的表现方式之一，包含物质实体、价值观念、制度规范和行为方式等建构要素。

（二）休闲体育文化内涵

现代休闲体育文化拥有极为丰富的内涵，具体包括如下几方面。

① 胡小明，虞重干.体育休闲娱乐理论与实践[M].北京：高等教育出版社，2004.

（1）现代休闲体育文化是人们在业余时间自主选择、自由支配的活动，完全由人们根据个人爱好、兴趣和需要来选择活动方式和内容，确定活动强度与负荷，它是以个人为主体的活动。

（2）休闲体育的目标是通过多种多样的体育活动，达到健身、娱乐、欣赏、交往等目的，以满足个人身心发展的需要。现代休闲体育以健身为基础，以娱乐为核心。“娱乐”是现代休闲体育的主要目标。

（3）休闲体育是一种具有一定科技含量和文化品位的社会文化活动。所有新颖的休闲体育项目的产生都以科学为基础，采用新技术、新材料和新方法。因此，这些新项目往往被视为高雅、高尚、高品位的体育活动。

二、休闲体育文化的基本特征

（一）自发性

休闲体育是人们在休闲时间参与的一种自发性主体活动，它完全是出于个体或群体的真正主体需求，在个人可以自由支配的时间里进行的体育活动，没有任何强制、被动成分。人们自觉自愿参与休闲体育活动，以满足身心发展的需要，获得良好的情绪体验，这些收获又会激励人们养成积极参与休闲体育的习惯。

当今时代，休闲已经不只是以前那种人们在劳动之余的休息和放松。随着自由时间的增加，休闲成为每个人的生活权利和生活中的重要组成部分。现代人的自由意识非常强烈，人们参与休闲活动的行为正是人们自主支配自由时间的体现。

（二）时代性

休闲体育文化是在一定历史阶段和文化背景下产生和发展起来的，反映了不同时代的特性。不同历史时期形成了不同的物质文明和精神文明，形成了不同的休闲活动方式，体育休闲为适应时代进步而逐渐演变和发展起来。

体育活动一直都是民众乐于接受和愿意参与的休闲活动方式。当然，休闲体育活动毕竟是社会文明的表现形式，在许多情况下与社会科技的发展水平密切相关。现代流行的休闲体育活动与很久以前相比发生了显著变化，过去的休闲体育则更倾向于身体的自然活动，而今天的休闲体育与科技革命联系密切。

（三）多样性

人类智慧拥有无穷的力量，人类发挥聪明才智，创造出大量的休闲体育活动。随着现代社会的不断发展和各国的密切交流，各国在创造国内特色化休闲体育的同时也积极引进其他国家的休闲体育文化，从而进一步拓展了休闲体育文化的发展，使休闲体育文化活动内容更加丰富，形式更加多样。

三、常见的休闲体育文化活动

按照休闲体育的运动方式及属性，可以将休闲体育文化活动分为多种类型，丰富的休闲体育活动构成了休闲体育文化的主要内容。下面简单介绍常见的几类休闲体育活动。

（一）户外运动

户外运动指的是人们回归自然的各种体育休闲方式，如远足、野营、登山、攀岩等。

（二）技巧类运动

技巧类运动是指人们通过自身能力，借助轻器械所展现的高度灵巧和技艺性的活动，如花样滑板、自行车越野障碍等。

（三）命中类运动

这类运动主要是运用技巧和能力，采用特定器械击中目标，如射箭、打靶、保龄球、高尔夫球等。

（四）冒险类运动

冒险类运动是人类挑战大自然的挑战性休闲活动，如漂流、沙漠探险、滑翔伞、游泳横渡海峡等，参与这类运动需有严密的组织措施和全面的安全保障。

（五）眩晕类运动

这类运动是借助特定运动器械和设备，使人在运动中获得平时难以体验到的空间运动感觉，感受身体与心理极限的刺激。这类运动主要包括蹦极、过山车等在游乐场上能够产生滑动、旋转、升降、碰撞的游艺项目。

（六）健身舞类运动

健身舞类运动包括各种民族传统歌舞形式和有音乐伴奏的现代舞蹈类健身方式，如各民族传统舞蹈、舞龙舞狮、秧歌、肚皮舞等。

（七）水上、冰雪类运动

常见水上项目有游泳、滑水、潜水、帆板、摩托艇、冲浪等。

常见冰雪项目有雪橇、滑雪、花样滑雪、滑冰等。

（八）游戏竞赛类运动

将竞技体育比赛规则进行简化和趣味性改造后形成的休闲游戏比赛，如沙滩排球、三人制篮球等。

（九）保健类运动

这是一类节奏比较和缓、强身健体功效明显的休闲体育活动，如瑜伽、普拉提、太极拳、木兰扇、木兰拳等运动。

第二节　我国休闲体育文化的发展现状与趋势

一、我国休闲体育文化的发展概况

（一）发展速度加快，但依然不均衡

近年来，我国的经济得到了突飞猛进发展。随着居民收入水平的不断提高，休闲体育得到越来越多人的关注并参与其中。特别是在全民健身计划实施以及北京奥运会举办以来，人们参与体育的热情有增无减。在各大城市中，休闲体育都得到了非常快速的发展。如今，休闲和娱乐类型体育已成为群众体育中城市居民参与的主要形式。

但我国休闲体育起步相对较晚，发展水平相对较低，休闲体育产业市场也并未得到完善，这使得休闲体育发展的速度与其发展规模出现了严重失衡

的情况。同时，休闲体育在各地区之间也存在不均衡发展的情况。概括来说，在经济发展较好的地区，休闲体育项目得到了较高程度的普及；而在经济发展相对较为落后的地区，休闲体育发展的速度较为缓慢。

（二）不断加强基础设施建设，但设施资源依然不足

为了更好地保证全民健身计划的实施，使人们的体育需求得到满足，我国在体育基础设施建设方面持续增加投入。这些年来，一大批体育基础设施，如休闲体育文化广场、体育主题公园、园林式休闲体育广场等得以建立，极大促进了人们参与体育的积极性，使得人们的闲暇生活得到满足，同时也为休闲体育的开展打下了良好的物质基础。

据有关调查显示，休闲体育在当前建设中仍存在一些问题，如休闲体育场所较少、场地质量差、场地收费较高、体育场所服务水平较低、休闲体育活动较少等。这些问题制约了休闲体育文化的发展。

（三）人们闲暇时间增多，但缺乏休闲体育消费意识

随着休假制度的健全和完善，我国居民有了更多的闲暇时间可供自己支配，这为人们参与休闲体育活动提供了时间上的保证。每当节假日来临，通过旅游、健身等形式消磨时光的人越来越多，人们更多地通过休闲娱乐的形式来度过这段时间，这在一定程度上促进了休闲体育的发展。

但是，我国休闲体育参与者在休闲体育消费方面还未树立很高的意识，很多人参加的休闲体育活动不需要花钱或只花少量的钱，消费高的休闲体育场所令大部分人望而却步，一些人即使有经济实力，也不愿意为休闲体育消费。

二、我国休闲体育文化的发展趋势

（一）休闲体育的经济地位越来越高

休闲体育活动现已成为服务业和生产业的重要服务对象，在社会经济发展中扮演着越来越重要的角色，越来越多的生产活动对人们的休闲活动产生了依赖。由此可见，休闲体育的经济地位越来越突出。休闲体育所具有的经济效益主要是从休闲体育旅游观光、体育场馆建设、体育设备及器材生产销售等方面体现出来。随着人们对健康的关注，健康生活成为人们的一致追求，休闲体育越来越受到人们的重视，并越来越愿意在休闲活动中进行消费。因此，休闲体育活动对于社会的发展也具有直接影响。

（二）全民参与休闲体育运动

随着人们思想的进一步解放以及生活水平的不断提高，休闲体育活动已不只是年轻群体和男性群体的专属，休闲体育的发展正朝着全民化的方向迈进。休闲体育活动形式的多样化，吸引了各个年龄阶段以及各职业的群体参与。例如，老年人喜欢门球、舞蹈、太极拳等项目，能够帮助他们强身健体，丰富晚年生活；小孩子喜欢球类、跆拳道，是他们课余活动的主要活动内容；年轻人喜欢健身、慢跑、极限运动，既能够保持身材，还能够很好地缓解来自学习和工作方面的压力。休闲体育现已成为人们生活中不可缺少的一部分，一年之中，从早到晚都有参与休闲体育活动的人。它的发展已经对人们的生活质量产生了直接影响。

（三）休闲体育活动形式越来越丰富

随着现代社会的发展和人们闲暇时间的增多，人们的休闲体育活动形式得到了丰富和发展，并越来越多样化。一些传统体育项目，如徒步、跑步、球类、骑行等在内容和方法方面得到了创新，更加多样化，同时蹦极、攀岩、跳伞、轮滑等极限性运动吸引了更多具有冒险精神的人参与，这些项目具有极限性和挑战性，能够激发人的潜能，提升人的自身能力。由此可见，休闲体育活动无论是从活动形式还是从内容方面来看，都更加多样化了。

（四）休闲体育管理制度逐渐健全

随着休闲体育快速发展，与之配套的管理制度更为完善和健全，无论是在城市社区，还是在乡镇农村，逐步建立起休闲体育活动中心，并有人负责组织休闲体育活动，使得休闲体育得到了一定程度的普及，也越来越基层化。管理制度的健全为活动的开展提供了保障，如极限运动管理制度中关于保险制度和准入标准的完善，为参与此项活动的人提供了安全保障。

第三节　城乡休闲体育文化的发展

一、新时期城市休闲体育文化的科学发展

城市休闲体育是一个有机结合体，它既不是城市与休闲体育的简单相加，也不是城市文化和休闲体育文化的简单相加。城市休闲体育既包含非物质化要素，也包含物质化要素。非物质化要素主要包括休闲体育行为、休闲体育制度、休闲体育思想等；物质化要素包括与休闲体育相关的环境、硬件设施等。作为城市文化的重要组成部分，城市休闲体育文化既有利于使城市和居民的精神文化生活得到丰富，也有助于促进居民的身体健康，提升生活

质量和社会资本存量。①

随着我国经济的发展和人民生活水平的提高，我国社会已逐步进入休闲时代。面对城市居民消费水平提高和新型城市化建设步伐加快的趋势，如何对城市休闲体育文化进行较好的规划和管理，使居民的休闲体育需求得到满足，提升城市文化品质，成为当下亟待解决的问题。

（一）做好长远发展规划

建设城市休闲体育文化，就是打造休闲体育城市，在建设过程中要围绕广大市民的普遍需求来对城市休闲体育发展规划进行设计，尽可能满足市民对休闲体育生活的需求。关于城市休闲体育发展的规划是建设城市休闲体育文化和对城市休闲体育进行管理的重要纲要，因此，必须将这一规划纳入城市发展的总体规划尤其是文化建设的规划中。

在关于城市休闲体育文化发展的具体规划中要考虑城市休闲体育的发展现状、发展空间、发展目标，从而进行统筹规划，使发展纲要与现实相符，与市民需求相符，并能突出城市休闲体育文化特色，对城市发展总体规划的推进和落实产生积极作用，通过有序发展城市休闲体育来促进城市的整体健康持续发展。

（二）加大对城市休闲体育文化活动的投入力度

城市休闲体育文化活动内容丰富、形式多样，开展丰富多彩的休闲体育活动需要投入大量的人力资源、物力资源以及财力资源，只有加大对这些资源的投入力度，才能更加顺利地开展休闲体育活动，提高休闲体育活动水平，满足居民的多元需求。

首先，在人力资源的投入方面，需加强对专业人才的培养，如培养社会

① 苏进.新型城市化下城市休闲体育文化的发展[J].体育成人教育学刊，2015，31（01）：42-44.

体育指导员、社区体育骨干等，充分发挥这些人力资源的重要作用。同时要积极引进优秀的体育人才来为休闲体育城市的建设作贡献。

其次，在物力资源的投入方面，要加强城市公共体育设施建设，完善城市公共体育服务体系，从而为居民顺利参与休闲体育文化活动提供基础保障和良好服务。

最后，在财力资源的投入方面，政府要加大财政投入力度，设置专项经费，专款专用。此外，要积极鼓励社会投资，扩大筹资渠道，提升资金利用率。

（三）建立健全相关政策制度，加大管理力度

城市休闲体育文化的发展离不开政策的引导、制度的约束以及各方面的管理。只有不断健全与完善相关政策、制度及管理机制，才能真正促进城市休闲体育文化的规范化发展和可持续发展，保障市民在休闲体育文化活动中的合法权益，促进城市休闲体育文化产业的发展壮大及其在城市体育产业系统中地位的提升，充分发挥休闲体育文化产业带动城市经济发展的功能。

建立健全有关城市休闲体育文化发展的政策制度以及加强重点管理，具体要从以下几方面来予以落实。

1.加强时间保障

居民只有有了闲暇时间，才有可能参与休闲体育活动。为了保障城市居民参与休闲体育活动的权利，要为其提供时间上的便利，这就要求对企事业单位的休息时间制度、节假日休息制度、带薪休假制度等进行制定与完善，使居民在学习与工作之余有参与休闲体育文化活动的闲暇时间。

2.加强空间保障

城市居民参与休闲体育活动，必然离不开一定的活动场所，也就是活动空间，只有拥有良好的体育场地设施条件，才能为开展各类休闲体育文化活动提供基础空间保障。

随着城市化进程的加快，城市土地资源十分宝贵，每一寸土地的开发和

利用都是有规划的。为了保障居民的体育活动空间，有关部门应通过出台相关法规、政策来划分公共体育片区，创建公共体育环境，使居民能够在宽阔的场所参与休闲健身活动。

3.合理引导消费

当前，我国居民的休闲体育消费意识还不够高，虽然城市居民这方面的消费意识总体上比乡村居民高，但和衣食住行等方面的消费意识相比依然较低。对此，要做好消费引导工作，引导居民树立正确的消费意识，形成文明、健康的消费方式，通过科学合理的消费来满足自己的休闲娱乐需求。

4.加大组织管理力度

有关部门要加强对城市休闲体育活动的科学组织与全面管理，在组织与管理过程中要遵纪守法，将安全放在首位，坚决抵制违法的、危险的、低级趣味的休闲体育文化活动。

二、乡村休闲体育文化的特色化发展

（一）“农家乐”休闲体育文化

随着乡村振兴战略的稳步实施，乡村旅游成为乡村经济建设与发展的重要支柱之一。一些乡村地区以其独特的地理环境优势与自然资源优势而创造了“农家乐”这一乡村特色旅游模式，该旅游模式市场潜力巨大，成为乡村旅游业和经济发展新的增长点，也成为乡村社会建设的亮丽风景线。“农家乐”旅游的兴起与发展对乡村振兴战略的推进具有重要意义，有助于促进乡村经济发展，缩小城乡经济差距，创建城乡和谐发展的新局面，促进乡村公共服务体系的健全和推进社会主义新农村建设。要健全与完善“农家乐”旅游模式，促进“农家乐”旅游的持续发展，充分发挥该旅游形式的重要功能，就必须加强对旅游项目和旅游形式的创新与突破。①

休闲体育是“农家乐”旅游的重要内容之一，乡村休闲体育活动是“农家乐”旅游的一个重要标志，对促进“农家乐”旅游发展和乡村建设具有举足轻重的意义。乡村休闲体育内容主要包括下面几种类型。

第一，农事类体育活动，如种菜、采摘、磨豆腐及其他农活等。这类活动要根据季节来开设，使游客对生产劳作进行体验，并借此机会亲近大自然，陶冶情操，从劳动中获得感悟。

第二，利用农家自制的体育器材进行的趣味体育活动。

第三，依托乡村自然资源而开发的休闲体育活动。

第四，依托乡村特色人文资源而开展的以休闲娱乐为主要目的的体育活动。

（二）发展“农家乐”休闲体育的建议

将休闲体育融入“农家乐”旅游中，有助于促进乡村休闲体育文化与乡村旅游文化的互动，使二者相辅相成，全面发展。具体要做好以下几方面的工作。

1.要有长远规划

在乡村开发“农家乐”休闲体育旅游，离不开政府职能部门的宏观指导与调控，政府在这方面要立足长远，统筹规划，进行高效率的投资，从而通过开发“农家乐”休闲体育旅游市场来振兴乡村经济，提升乡民生活水平，实现更长远和宏伟的发展目标。

2.彰显地方文化特色

在中华民族传统体育起源与发展中，很多传统体育项目都源于农民的生

---

① 罗正琴，黄正廪，丁勇.“农家乐”休闲体育与新农村文化建设[J].遵义师范学院学报，2012，14(05)：126–129.

产与生活，这是乡民智慧的结晶与情感的寄托，乡村历史悠久的民族传统休闲体育对城市体育旅游爱好者的吸引力很强，挖掘乡村的民族传统休闲体育资源，将乡村地方特色突显出来，能够对游客产生极强的吸引力。

3.开发新兴项目

一些乡村地区利用自己独特的地理优势和依山傍水、风光优美的自然资源而开展一些户外休闲体育项目，如攀岩、划船、登山等，并依托优势资源不断开发新兴体育旅游项目，使旅游者求新求异的需求得到了满足。

乡村地区独特的自然资源和人文资源都是宝贵的财富，充分挖掘这些优势资源打造新兴休闲项目，发展特色旅游，有助于提升乡村自我造血功能，促进乡村经济发展。

4.加强宣传

虽然乡村“农家乐”休闲体育本身具有独特的魅力，对城市人民的吸引力很强，但如果不做宣传，不对外推广，那么前来旅游和体验的人也不会很多。只有利用电视、网络、报纸等各种传播媒介大力宣传“农家乐”旅游和乡村特色化休闲体育项目，才能扩大“农家乐”休闲体育的影响力，提升知名度，吸引更多的游客。围绕乡村“农家乐”休闲体育资源举办文艺表演节目、节日庆典活动等也是非常重要的宣传策略。

5.满足各类人群的需求

在开发“农家乐”休闲体育项目的过程中，要对各个年龄段群体的体育需求予以全面考虑，满足不同群体的需求，扩大休闲体育人口。为了让游客达到体验、放松、娱乐的目的，所设置的休闲体育项目应该具有技术难度较低、运动量较小、丰富有趣、安全可靠等特征。

第四节 冬奥会视域下冰雪休闲体育文化的传播与发展

冰雪体育文化因其独特的特点和开展条件，在我国东北地区得到了较好的开展，有着非常广阔的发展前景，并呈现出良好的体育文化认同和自信发展态势。这既促进了我国冰雪体育运动的良好发展，同时也为我国落实全民冰雪运动理念在一定程度上打下了扎实基础。

一、冬奥会视域下冰雪休闲体育文化传播的意义与途径

（一）冰雪休闲体育文化传播的意义

1.促进冰雪运动发展

文化是一种精神力量，它能够为项目的发展提供指引，其在社会中所营造的良好文化氛围能够在一定程度上决定事物的发展走向。通过对我国冰雪体育运动现阶段的开展情况分析可知，冰雪运动在竞技和群众两个领域的发展并不平衡，群众基础相对较为薄弱，冰雪文化的传播也比较迟缓，与其他发达国家相比，我国冰雪体育技术体系还不够成熟。

冰雪体育运动在我国的发展相对较晚，随着它的快速传播，越来越多的

人参与到冰雪运动中，开展区域得到不断扩大，这对广大群众形成了导向，大众开始慢慢接受，学会欣赏冰雪体育运动，并乐于参与其中。由此可见，通过推广冰雪体育文化，对于冰雪体育运动的开展具有重要意义。

2.增强国民体质

开展体育运动项目的目的就是促进国民身体素质水平不断提高，这也是我国开展体育工作的根本任务。由于环境的特殊性，参与冰雪运动需要参与者具有较好的身体机能和心理素质，冰雪体育运动能够增强参与者的呼吸机能和免疫系统功能，促使其更好地适应极端环境，这对于国民身体素质的提高具有重要意义。

3.强化民族文化自信

民族自信和文化自信的增强对于体育强国的建设具有重要作用和意义。体育既是一个国家和民族文化的体现，同时也是一个国家和民族软实力的一部分。据研究表明，我国新疆阿勒泰地区是世界滑雪起源地，在这里发现了人类最早的冰雪活动痕迹。2022年北京冬奥会成功举办，对中国冰雪体育文化的传播意义重大。我国民族众多，各族人民的生活方式、行为习惯、风俗都有着很大的不同，“冰嬉”作为一种传统文化活动发展到现在，已经成为我国传统冰雪文化的代表。通过与文化建设相结合，能够更好地明确我国冰雪体育未来发展方向，以更好地确保体育强国战略得以顺利推进。

（二）冰雪休闲体育文化传播的途径

1.大众传播

2022年北京冬季奥运会的成功举办，为我国冬季冰雪运动的开展和发展带来了“东风”，全国范围内越来越多的人成为冬季冰雪运动的参与者和关注者。随着全国范围内冰雪运动的开展和推广，冰雪运动的覆盖范围、参与者数量以及不同领域的社会成员参与其中。

群众是传播文化的沃土，只有具备一定数量的群众作为基础，才能保证文化得到顺利传播，因此，冰雪体育运动文化只有面向广大群众，满足群众需求才能获得有效发展和传播。群众参与数量和参与度的不断提高，为我国冰雪文化的传播奠定了坚实的群众基础。在我国冰雪体育文化传播方面，越来越多的社会组织加入进来，成为其中的中坚力量。例如，一些冰雪俱乐部、冰雪协会等，它们通过组织相应的冰雪运动培训和冰雪体育赛事活动，不断扩大冰雪体育参与人群。

冰雪体育运动文化只有找到与现代人们生活相契合的“点”，才能得到相应的发展，娱乐和健身便是其中的“点”。我国冰雪体育文化因具有较好的娱乐性和健身性得以在民间广泛流传。针对单脚驴、滑爬犁、抽冰猴等民间冰雪运动项目进行积极推广，能够较好地拉近冰雪运动与人们的距离，在群众的土壤中埋下冰雪体育文化的种子。

2.体育赛事传播

为了筹办好北京冬奥会，习近平总书记提出了“让三亿人参与冰雪运动”的号召，在积极备战竞技体育运动的同时，鼓励社会大众积极参与进来。

与此同时，在冰雪体育赛事筹备的过程中，对冰雪赛事场地加强建设，这是冰雪体育文化的传播和发展的物质基础。对于大型赛事场地建设，在满足比赛需求的同时，还要满足日常训练以及社会群众参与的要求。加强比赛场馆的综合利用，促使区域经济和冰雪赛事文化都得到发展。

3.新媒体传播

应充分借助当下“互联网+”的优势，积极推行“互联网 + 冰雪体育文化传播”模式，借助微信、微博等网络平台来大力推广冰雪体育文化，实现冰雪体育文化与传统媒体和网络新媒体的有效结合，提升社会大众对冰雪体育文化的认知水平和兴趣，满足人们的审美和娱乐需求。

二、冬奥会视域下冰雪休闲体育文化的发展策略

在冬奥会成功举办的背景下，我国冰雪体育的发展应坚持文化自信，坚持采用科学的方法来实现，主要从以下三方面进行。

（一）加强冰雪市场的培育与开发

只有具备良好的文化基础，才能更有自信地推动冰雪体育文化的发展。冰雪体育文化的培育需要以冰雪体育项目可持续发展的市场基础作为依据，通过对当前冰雪体育资源进行合理化配置，强化冰雪体育发展根基等，促使市场环境中冰雪体育文化的核心竞争力得到整体提高，通过冰雪体育文化的潜在优势为其发展提供有效、科学的指导和评价。

我国北方冰雪资源非常丰富，在促进冰雪体育文化大力发展时，除了要重视冰雪体育文化根基外，还要结合当地的文化特色，有效整合各种优势资源，以更好地培育冰雪体育文化市场。

一些地区尚不具备良好的冰雪体育资源，无法进行市场化开发，可以将重心放在对冰雪体育资源的挖掘上，发展冰雪体育文化创意产业、培训产业和服务产业等，从而实现冰雪体育产业在娱乐、赛事、旅游等方面得以集中式发展。

（二）对冰雪文化资源进行有机整合，促进文化集聚效应的形成与扩大

在大力推动冰雪体育文化产业经济得到快速增长的同时，还要处理好冰雪体育文化与外界环境之间的共生发展关系，有效整合冰雪体育文化的信息资源、人力资源、社会资源、自然资源和基础社会资源。此外，对于各行业、各区域之间存在的差异性，应有充分的认识，正确看待冰雪体育文化在发展过程中与政治、经济之间的平衡关系。所以，在具体实践过程中，对于各区域之间的局限性，应有意识地进行突破，对冰雪体育文化资源耦合机制

进行构建和完善。目前，我国东北地区冰雪体育文化资源由于受到保护主义的制约，并未将冰雪体育文化发展落实到具体的工作细节中。因此，在打破这种局限性的同时，应对冰雪体育文化产品在各区域之间的自由流动进行有意识的推动，有效整合和合理配置冰雪体育文化资源，以获得最大化的效果。

（三）打造特色品牌，提升竞争实力

积极落实冰雪体育文化的教育和宣传工作，加大其创新力度，是促使冰雪体育文化核心竞争力得以提高的关键。对于冰雪体育文化的宣传和普及工作来说，政府和学校在其中扮演着非常重要的角色。在开展体育教学活动时，学校可以通过定期组织学生参与冰雪活动、冰雪竞赛等，来培养和提高学生参与冰雪活动的兴趣和积极性。此外，根据相关冰雪体育政策方针，落实和开展特色冰雪体育文化教育工作，大力宣传冰雪体育文化，提升其社会影响力。

此外，在创新冰雪体育文化时，应先有效整合现有的冰雪体育资源，并对其进行开发和利用，同时加大人力资源和技术资源的投入力度，充分利用品牌影响力和品牌效应所带来的优势，更好地提升冰雪体育文化的经济效益和竞争力。

第五章　体育强国建设背景下竞技体育文化的改革与发展

竞技体育综合反映了一个国家的综合实力，是展示“国家力量”、获得“国家荣誉”和提升“国家地位”的重要形式，是体育强国建设的重要组成部分。竞技体育的重要性奠定了竞技体育文化在我国体育文化体系中的重要地位。近年来，我国竞技体育发展迅速，进步显著，成绩卓著，但依然存在一些突出的问题和矛盾，对我国竞技体育的持续健康发展造成了严重的制约。当前我国正全方位开展体育强国建设工程，推进体育强国战略的实施，这为我国进一步发展竞技体育，加强竞技体育文化建设和促进竞技体育文化繁荣发展提供了良好的机遇，我国应以建设“体育强国”为总体目标来推进竞技体育的改革与发展，探索竞技体育文化创新发展的科学路径。本章重点在体育强国建设背景下探讨竞技体育文化的改革与发展，首先，阐述竞技体育文化的基本理论，其次，分析我国竞技体育文化的发展情况和主要问题，再次，在体育强国建设背景下探索我国竞技体育文化的改革发展之路，最后，提出我国竞技体育文化和大众体育文化协同发展的思路。

第一节　竞技体育文化基本理论阐述

一、竞技体育文化的解释

竞技体育指的是运动员以比赛竞争为基本手段，以满足人们审美享受及刺激等需要的社会实践。

竞技体育文化作为体育文化的重要组成部分，是奥林匹克运动的核心范畴，包含人自身的和谐、人与自然的和谐、人与人和谐和国际关系的和谐等内容；体现出公平正义、充满活力和积极乐观向上的拼搏精神。①

二、竞技体育文化的特征

（一）规则性特征

竞技体育文化的规则性特征主要表现为竞技体育运动员在比赛中遵守竞赛规则，言行受规则的约束。运动员在参赛前必须了解竞赛规则，否则就无

① 许敏雄.竞技体育强国之路[M].北京：光明日报出版社，2012.

法准确把握这种特殊游戏的运动进程。规则性体现了物对人的制约，也是主体之间的相互制约。竞技体育文化的规则性是自我约束机制的产物，是竞技体育文化区别于其他体育文化的特征，也是体育文化内部多种形态的基础。

（二）互动性特征

竞技体育文化和体育文化有许多共同点，体育文化是在人与自然、人与人产生联系的过程中的行为意识、行为方式、行为准则的积淀，这种积淀只有在活动的主体，即人与人在特定条件下的互动中才可以实现。竞技体育文化也是如此。竞技体育活动主体的互动表现在许多方面，如在集体项目中队员之间的互动；运动员与观众的互动；观众与观众之间的互动；运动员协会与球迷协会之间的互动等。

（三）功利性特征

体育文化具有功利性特征，竞技体育文化将这种功利性特征发挥到极致。竞技体育文化促使体育活动主体挑战自然、挑战个人极限，这是竞技体育文化功利性的集中表现。

功利性常和竞技体育活动主体的价值观紧密联系，竞技体育运动员将获得社会认可与自身生存紧密联系起来，或者名高于利，或者利高于名，或者名利双收。不同的活动方式有不同的功利性表现。活动主体根据自身需要、个人价值观而选择不同的活动方式。

三、竞技体育文化的育人功能

（一）培养规则意识

在竞技体育领域，各项体育赛事的举办都要有既定的比赛规则，如果没有竞赛规则，体育赛事活动将会陷入混乱，无法顺利进行。因此，体育赛事的组织者结合体育比赛的性质制定合理的比赛规则，所有的参赛运动员都要遵守比赛规则，保证体育赛事活动的顺利进行。这有助于对竞技体育活动主体的规则意识进行有效培养。

（二）培养公平竞争意识

在竞技体育比赛中，比赛规则对于每一名运动员都是公平的，在体育赛事制度方面，所有的运动员也都是公平和平等的，如果存在尺度不一的情况，体育赛事活动就难以顺利进行。由此可见，竞赛规则对于体育赛事的重要意义。

在体育比赛中必须保证各个环节的公平合理，从而避免在比赛中发生不和谐的事件，要切实保障每一名参赛运动员的正当权利和合法权益。运动员在比赛中要公平公正竞争，任何不正当的竞争行为都会受到相应的惩罚。这充分体现了竞技体育文化培养人们公平竞争意识的教育功能。

（三）提升道德修养

竞技运动员在体育比赛中不仅要具备良好的技战术能力，还要具备良好的精神风貌，这是获得理想成绩的关键。良好的精神风貌往往能形成强大的战斗力，在体育比赛中以弱胜强的例子比比皆是，这与胜者强大的精神意志是分不开的。因此，对运动员进行思想品德教育非常重要。

在日常训练中，要充分渗透思想品德教育，提升运动员的精神素质。运动员团结战斗的集体主义精神、爱国主义精神以及乐观主义精神有利于其在比赛中的发挥，也有利于运动员退役再就业后迅速适应社会。

第二节　我国竞技体育文化的发展现状与问题

一、我国竞技体育成绩显赫

改革开放以来，我国加快发展竞技体育，将中国竞技体育推广到世界，不仅提升了我国竞技体育水平，而且增强了国家体育实力，提升了中国体育在世界体坛的地位。由于国家的高度重视和社会的广泛关注，我国竞技体育取得了显著的发展成绩，重点体现在我国在奥运会尤其是夏季奥运会上取得的优异成绩方面。表5-1是21世纪以来我国在夏季奥运会上的成绩汇总表，直观反映了我国竞技体育事业的迅速发展和辉煌成就。

表5-1　21世纪以来中国夏季奥运会成绩汇总表

序号	奥运会举办届数	举办年份和地点	奖牌分布			奖牌总数	金牌榜排名
			金牌	银牌	铜牌		
1	第27届	2000年悉尼奥运会（澳大利亚）	28	16	15	59	3
2	第28届	2004年雅典奥运会（希腊）	32	17	14	63	2
3	第29届	2008年北京奥运会（中国）	51	21	28	100	1

续表

序号	奥运会举办届数	举办年份和地点	奖牌分布			奖牌总数	金牌榜排名
			金牌	银牌	铜牌		
4	第30届	2012年伦敦奥运会（英国）	38	27	23	88	2
5	第31届	2016年里约热内卢奥运会（巴西）	26	18	26	70	3
6	第32届	2021年东京奥运会（日本）	38	32	18	88	2

二、我国竞技体育发展的问题与困境

我国竞技体育虽然取得了令人瞩目的成绩，但同时也存在一些突出的问题和矛盾，导致我国竞技体育文化建设和发展受到制约。下面主要分析现阶段我国竞技体育发展中存在的主要问题。

（一）过于依赖传统优势项目

从我国在近几届奥运会上取得的成绩尤其是获得的金牌总数来看，我国的夺金点有增长趋向，但传统优势项目依然是主要夺金点，这类项目主要包括乒乓球、举重、跳水、射击、体操、羽毛球等。而像大球、田径等项目则没有明显的突破，较集中的夺金点反映了我国竞技体育发展不平衡的现状。过度依赖传统优势项目来夺金不利于我国竞技体育的长远发展。事实上，有些运动项目虽然还不是热门夺金项目，但有很大的潜在优势，如果我们能注重培养这些项目的优秀运动员，提升训练水平，在奥运会上夺金还是很有希望的。

（二）运动员成材率不高

我国每年投身于竞技体育中的运动员并不少，但这些庞大的运动员群体中能够成为世界冠军的寥寥无几。我国体育院校中运动员虽然不少，但一级运动员的比重非常低。可见，我国在竞技体育训练体制和人才培养方面存在投入多、回报少的矛盾，最终结果是我国优秀运动员短缺，对竞技体育的可持续发展造成了阻碍。这个现象背后隐藏的问题是我国竞技体育发展模式和人才培养模式的弊端，也就是举国体制的弊端。

（三）职业体育发展水平较低，后备人才较为匮乏

在社会主义市场经济体制下，人们的精神文化需求不断提升，这为中国体育的职业化和市场化发展提供了良好的环境。职业化和市场化发展是市场经济体制下我国竞技体育发展的必然结果。我国竞技体育项目中率先进行市场化改革的项目是篮球和足球，但发展速度和水平都远远落后于体育强国。羽毛球、乒乓球等其他竞技体育项目虽然也相继走向市场化改革之路，但市场化水平都不高。我国一些集体项目虽然在市场化改革中取得了较好的成绩，但在世界高水平比赛中的成绩却不理想，没有真正发挥出应有的水平，这主要与我国竞技体育后备人才梯队断层问题严重有关。

当前，我国选拔与培养运动员的主要模式是业余体校—体校—省市专业队—国家队，参照这一模式，我国培养了很多优秀的体育运动员，但这种培养模式比较单一，在世界竞技体育高速发展的背景下，单一的后备人才培养模式制约了我国竞技体育的可持续发展，也严重影响了我国竞技体育在世界体坛地位的巩固和影响力的提升。

（四）竞技体育的公平竞争环境受到威胁

“更快、更高、更强、更团结”是奥林匹克格言，也是竞技体育发展的主要追求，倡导充分发挥人的潜能，不断挑战自我，将顽强拼搏的精神展现出来。但在锦标主义、功利主义的影响下，一些不和谐的因素出现在竞技体

育领域，严重污染了竞技体育发展环境和社会风气，如兴奋剂、假球、打架斗殴、贿赂裁判、弄虚作假等。这些不和谐因素严重违背了体育精神，违背了公平公正的竞技体育规则，使得竞技体育的公平竞争环境遭到严重破坏。这些问题是世界竞技体育发展中的普遍问题，阻碍了我国竞技体育的健康发展，也制约了世界竞技体育的良性发展。

（五）退役运动员安置困难

退役运动员再就业和安置困难也是对我国竞技体育发展造成严重制约的一个重要现实问题。因为各方面的原因，运动员退役后就业比较难，得不到妥善安置，缺乏社会保障，这些问题成为很多体育后备人才及其家长的后顾之忧，导致一些有天赋的好苗子因此而放弃进入竞技体育行业，从而对我国竞技体育人才的培养及竞技体育事业的发展造成了影响。

第三节　体育强国建设背景下我国竞技体育文化的发展策略

我国正处于“体育强国”建设的关键阶段，我国提出“体育强国”战略不仅是为了发展体育事业，更是为了推动社会发展、国家发展和民族发展。国家强大、民族振兴是我国体育事业发展的根源，我们要围绕促进祖国繁荣昌盛和民族振兴的目标来发展体育事业，充分发挥体育在实现“中国梦”“强国梦”方面的重要作用。而“中国梦”“强国梦”的实现又能够为体育发展提供广阔的空间，使体育的发展达到更大的高度，取得更多的辉煌成就。现阶段，尽管我国竞技体育发展成就显著，但在社会转型期，我国要从体育大国迈入“体育强国”还有很长的路要走，竞技体育文化本身的一些矛盾和瓶颈也是极大的障碍，因此，我们必须加快转变和调整竞技体育发展模式、管理体制，加强竞技体育文化建设，促进竞技体育可持续发展，为我国早日实现“体育强国”战略目标提供重要支撑。下面具体从体育强国建设背景出发探讨我国竞技体育文化的发展战略与路径。

一、在市场经济体制下改革与完善竞技体育举国体制

我国竞技体育之所以能够取得今天的辉煌，关键在于我国在“举国体制”下发展竞技体育。但举国体制也有自身的缺陷与不足，尤其是在社会转型期，举国体制暴露了许多弊端，实践表明，我国要继续提升竞技体育水平，早日实现体育强国目标，必须加强对举国体制的改革和完善。举国体制是在计划经济时代提出的，而现在我国实施的经济体制是社会主义市场经济体制，举国体制在市场经济时代出现了诸多不适应，因此，必须从市场经济体制和竞技体育发展规律出发来对举国体制的创新发展模式予以探索，明确市场经济时代举国体制的发展新方向，使举国体制能够与时俱进，更好地发挥其在推动我国竞技体育发展方面的强大功能。只有不断创新与完善举国体制，才能使竞技体育运行机制与管理体制更加符合社会主义市场经济体制的要求，使竞技体育获得更好的发展。

具体来说，在市场经济体制下改革与完善竞技体育举国体制，要从以下几方面来努力。

第一，对政府和各方的权利与义务进行合理分配，在市场经济体制下发展竞技体育，政府依然扮演主要角色，但要摒弃政府包办模式，适当分权，给相关组织和单位授予管理权，使其处理竞技体育的具体事务。而政府要重点做好制定宏观政策、协同资源、提供服务等工作。

第二，将国家和地方的关系协调好，合理划分国家和地方的职权，宏观

调控、导向、服务、行业保护等是国家体育总局行使的主要职能，体育总局给地方放权，将地方的责权明确下来。

第三，促进各单项运动协会的实体化改革与发展，将协会的作用充分发挥出来，使各协会能够通过自我管理来实现各个项目的自主发展，从而增强竞技体育项目的生命力。

第四，对竞技体育资源的配置进行优化，并对政府、市场和社会三者之间的关系予以正确把握，构建“政府主导、社会自治、市场自主”的竞技体育运行机制，促进三者的协同配合。

二、优化竞技运动项目结构布局，巩固优势项目，发展落后项目

我国竞技体育的发展是不平衡的，突出表现在不同项目发展的差异上，不平衡的客观事实对我国竞技体育的可持续发展和体育强国战略的实施造成了严重的制约，不平衡发展的矛盾与问题违背了“体育强国”建设的宗旨和目标。要建设“体育强国”，就要对我国竞技体育项目结构布局予以优化，缩小我国优势体育项目和弱势体育项目竞技水平的差距，既要巩固优势项目的地位，又要拉动落后项目的发展。

优化竞技体育项目结构布局，具体要做好如下工作。

第一，不断巩固我国优势竞技体育项目的竞争优势，使这种优势得以长期保持，这类项目主要包括体操、举重、跳水、射击、乒乓球、羽毛球等。在巩固的基础上，还要提升跆拳道、网球、击剑、拳击等具有潜在优势项目的竞技水平，使这些项目的夺金实力得到增强，有望获得金牌，促进我国奥运会夺金点的增加。除此之外，游泳、田径等是奥运会“金牌大户”，这类运动设置多个比赛项目，会产生很多金牌，我国要对这类项目的冲金潜力重点加以挖掘。

第二，对于社会广泛关注的大球运动，如足球、篮球和排球，要逐步实现整体突破，具体要从培养后备人才、培养优秀教练员、提升训练水平、优

化竞赛环境等方面来加以努力。

第三，协同发展夏季奥运项目与冬季奥运项目，大力发展有潜力的冬季运动项目，使我国冬季项目的整体水平获得显著的突破。

第四，政府部门要从制定政策、引进资源、培养人才等方面来扶持暂时落后的项目，促进这些项目的发展，不能放弃落后项目。

三、加强竞技体育领域专业教练员队伍建设

发展竞技体育项目，提升竞技体育水平的根本在于科学化训练。当前，科技发展迅速，世界各国竞技体育竞争十分激烈，竞技体育的存亡一定程度上直接由各国的科学化训练水平决定。从根本上来说，要提高科学化训练水平，就要加强教练员队伍建设，提升教练员的综合素质，使各项目的教练员既有先进的思想，过硬的作风，突出的专业水准，科学的理论知识，丰富的实践经验，又熟练掌握先进训练理论与方法，富有创新精神。要培养这样一支优秀的教练员队伍，具体要做好以下几方面的工作。

第一，对教练员的科学理论素养进行培养，使教练员通过专业培训掌握科学先进的训练理念和训练方法，深入理解运动训练规律和竞技制胜规律，并能将这些规律、理念、方法运用到实践中。

第二，对教练员的培训机制进行改革，促进完善，使教练员真正学有所获，学以致用。要积极鼓励并帮助教练员继续深造等，强化终身学习的观念。

第三，对教练员队伍进行扩充，重视培养基层教练员队伍。

第四，严格考核教练员的业务能力，严把教练员质量关，引进竞争激励机制，实施优胜劣汰的做法。

四、加大竞技体育的职业化改革力度，促进职业体育发展

职业化发展作为竞技体育发展的主要模式和趋势之一，受我国诸多因素的影响，有些项目的职业化并非完全的职业化，而且现阶段也不可能让所有的项目都步入职业化轨道，因此，专业化（事业型）和职业化（产业型）作为我国竞技体育的两种主要模式将持续并存。

我国竞技体育职业化改革发展任重道远，在体育强国建设背景下发展职业体育，具体要做好以下工作。

第一，政府制定法律法规积极推进部分项目的职业化发展。

第二，完善职业体育俱乐部的经营机制，维护职业俱乐部运动员的各项利益。

第三，创建良好的职业赛事环境，提高赛事的质量和吸引力。

第四，加强对职业体育的监管，保障竞技体育产业市场秩序的稳定和市场竞争的公平公正。

第四节　竞技体育文化与大众体育文化的协同发展

一、竞技体育与大众体育的关系

竞技体育与大众体育是辩证统一体，二者的关系可以用“共生”“共

利”“共赢”来概括。群众体育是我国体育事业的基础，也是竞技体育的基础，发展群众体育能够为竞技体育的发展提供新的动力和源源不断的活力，而竞技体育的发展能够激发人们的体育兴趣爱好和爱国热情、民族自豪感，能够带动大众体育发展。总之，大众体育和竞技体育是共生性关系，大众体育为竞技体育奠定基础，竞技体育反过来也能带动大众体育发展。

从体育地位的角度来看，不管是竞技体育还是大众体育，都已上升为“国家战略”，在健康中国、体育强国的建设中，必须注重竞技体育与大众体育的协同发展，使体育惠及所有人民群众，使大众广泛支持竞技体育。

二、共生理论视角下竞技体育文化与大众体育文化的协同发展

在生物学理论中，共生是非常重要的一个学术概念，不同种属的生物一起生活的现象或状态就是共生，这是生物学中对共生的定义。

不同种属的生物构成了生物世界，每一种属生物都不可能独立生存、繁衍与发展，都需要其他种属生物的帮助，需要与其他种属生物相互联系，不同的种属生物相互关联，构成了“生物链”，这关系着每个种属生物的生死。基于这一生物学规律，共生理论提出了“共生理念”，即进化、合作、互惠、共赢。“共生理念”为共生行为的产生提供了重要的价值导向和目标指引，也预示着共生行为最终指向互惠共赢的结果。

共生理论指出，共生关系系统由共生单元、共生环境、共生界面和共生模式四个要素组成，这四个要素相互关联、相互影响、相辅相成，共生主体的协同发展离不开这几个要素的共同参与和推进。基于对共生关系的认识，有关学者构建了大众体育和竞技体育的共生系统模型，如图5-1所示。该模型直观反映了大众体育和竞技体育的共生关系，要推动二者的共生、协同发展，就必须从共生关系系统的四个组成要素着手，为二者互惠互利、协同发展、合作共赢提供物质保障和全面支持。

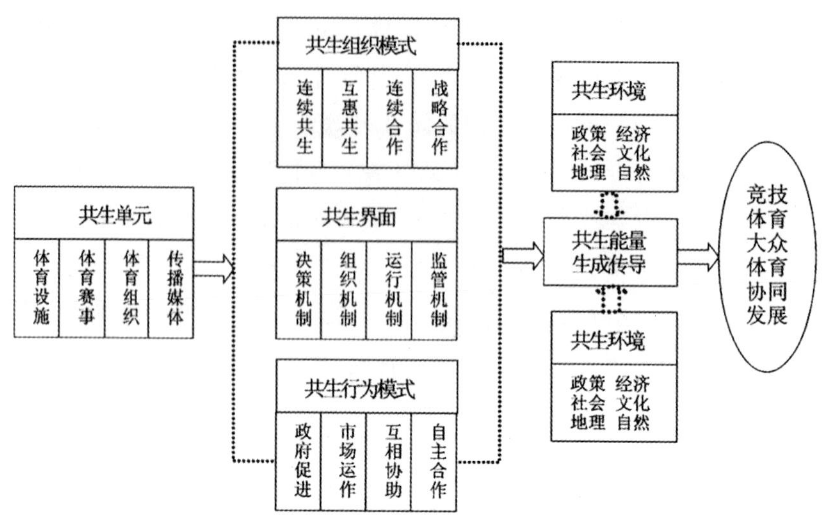

图5-1 竞技体育和大众体育的共生系统模型①

下面具体分析竞技体育和大众体育共生发展的四个重要着手点。

（一）提升协同发展的关联度（共生单元）

共生单元是共生系统的一个重要因素，其必须要有良好的关联度才能使共生主体实现共生，这是共生理论的基本观点。因此，在大众体育文化和竞技体育文化的共同发展和协同发展中，积极促进所有共生单元的关联度的提升，进而促进这两种体育文化关联度的增强。

竞技体育和大众体育的共生单元如图5-2所示。

① 乔峰.共生理论视角下竞技体育与大众体育协同发展研究[J].南京体育学院学报（社会科学版），2017，31(1):79-84.

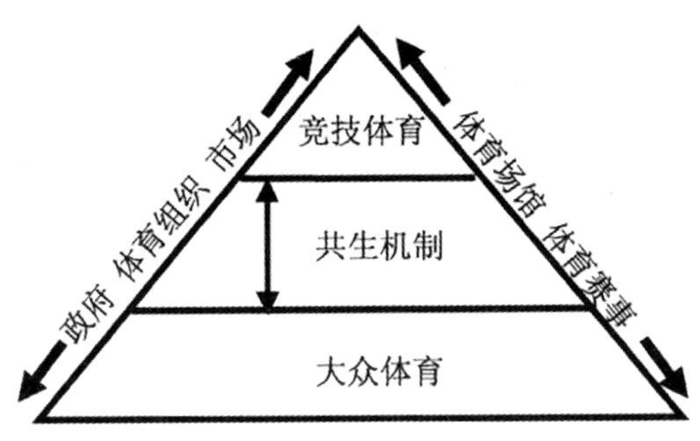

图5-2　竞技体育和大众体育的共生单元

从竞技体育与大众体育的共生单元来看，要提升二者协同发展的关联度，需从以下几方面着手。

（1）政府部门应对我国大众体育文化和竞技体育文化的共生与协同发展予以高度重视。

（2）体育组织应积极开展大众体育活动，为大众体育锻炼提供专业指导和优质服务，引导不同年龄群体、不同职业群体广泛参与全民健身活动。

（3）加强对体育设施的建设与完善，为大众体育和竞技体育共生发展提供良好的物质条件。

（4）开展以“普及”为目的的大众体育赛事和以“提高”为目的的竞技体育赛事，将“普及”与“提高”结合起来，促进二者协同发展。

（5）利用各种媒体大力宣传竞技体育赛事，将竞技赛事中的体育精神、体育文化传播给大众，促进大众精神需求的满足，并对大众的体育观、价值观产生正确的引导，提升大众参与体育活动的积极性。

（二）优化协同发展的共生环境

现阶段，我国大众体育文化和竞技体育文化协同、共生发展的共生环境比较优越，进一步优化二者的共生环境将会促进二者协同发展速度的加快和发展水平的提升。

优化大众体育和竞技体育协同发展的共生环境具体要从以下几方面

着手。

1.自然环境

在社会主义市场经济体制下，我国提出了包含创新、协调、绿色、开放、共享的“五位一体”生态文明建设理念，建设健康中国、美丽中国是该理念的主要价值指向，在这一科学理念下改善生态环境，促进国民健康水平和生活水平的提升具有重要意义。竞技体育与大众体育共生发展是我国建设健康中国和美丽中国的重要路径，是我国发展绿色经济的主要渠道之一，从自然环境着手建立健全大众体育与竞技体育的共生机制具有重要意义。

2.经济环境

近年来，我国积极转变经济增长方式，调整经济结构，坚持经济创新，加快了国家经济发展速度，提升了国内生产总值，也改善了居民的生活水平。国家经济环境的优化和居民收入的增加刺激了体育消费，对体育产业的发展产生了积极的影响。而大力发展体育产业有助于从物质方面支撑我国大众体育文化和竞技体育文化的共生发展。

3.制度环境

大众体育与竞技体育都是重要的“国家战略”，在体育文化改革与发展中，从大众体育和竞技体育着手而实施“双轮驱动”将有利于促进我国体育文化的繁荣发展。为了从制度层面推动我国大众体育和竞技体育的共生与协同发展，我国制定了相关政策和制度，如《2011—2020 年奥运争光计划纲要》《全民健身计划（2016—2020年）》《“健康中国 2030”规划纲要》等，这些政策与制度都发挥了重要的价值与作用。

（三）创新协同发展的共生界面

大众体育和竞技体育之间进行能量传导，是通过共生界面这一媒介实现的，而且大众体育和竞技体育的协同发展也是由共生界面提供内在动力的。

为了使大众体育和竞技体育之间更通畅地传导能量、传送物质、传递信息，需要从共生界面着手建立畅通高效的多元化共生机制。具体从以下几方面着手。

1.组织机制

积极成立社会体育组织，发挥社会体育组织开展和指导全面健身活动的作用，提升社会体育组织的服务能力和服务质量，促进全民健身发展，普及大众体育，为发展竞技体育而奠定基础，提供组织保障。

2.决策机制

关于大众体育和竞技体育的共生与协同发展，我国在一些政策和制度中作出了重要部署，并运用宏观调控手段来对二者的共生与协同发展进行全方位的调控与管理。

3.运行机制

在运行机制方面，首先，要充分发挥教练员、运动员的积极主动性，使这些竞技体育人才与大众建立良好的互动关系。

其次，要加强对竞技体育和大众体育的科学研究，创造新的科研成果，从而为二者各自的持续发展及相互协调发展提供科学指导和理论依据。

最后，要发挥传播媒体的功能，大力宣传大众体育文化和竞技体育文化，使受众了解这两种常见体育文化，并体会二者的关系。

4.监管和评估机制

分析并评估大众体育和竞技体育的共生发展现状和问题，评估要全面，包括对二者共生关系系统的四个组成要素的全方位评估，根据评估结果提出合理有效的建议，促进二者协同发展。

（四）构建协同发展的共赢模式

大众体育和竞技体育协同发展最为理想的共生模式莫过于互惠共赢模

式，在该模式的构建中，地方政府要发挥主要作用，从战略的高度开展不同地区大众体育产业、竞技体育产业的跨区域合作，建设与完善公共体育服务体系，开发体育旅游产业，鼓励体育组织、体育协会与体育企业的合作，最终实现竞技体育和大众体育这两种体育文化互惠共赢的目标。

第六章　新时期校园体育文化的科学建设研究

校园体育文化是体育文化系统的重要组成部分之一，建设良好的校园体育文化有助于增强学生体质，提升学生的道德水平、社会适应能力，培养学生良好的意志品质，引导学生树立正确的价值观，培养学生终身体育锻炼意识与能力，最终促进学生全面协调发展。校园体育文化建设也促进了体育文化在学校的传播，拓展了体育文化的发展路径，夯实了体育文化可持续发展的基础。总之，加强校园体育文化建设与发展具有重要意义，本章对此展开重点研究，首先，对校园体育文化基础知识展开阐述。其次，分析我国校园体育文化的建设现状，探索校园体育文化传播路径。最后，提出校园体育文化建设与发展建议。

第一节　校园体育文化基础知识

一、校园文化与校园体育文化的概念

校园文化指的是在学校育人环境中，以教师为主导、学生为主体，以促进学生健康成长和提高全员文化素质为目标，由全校师生、教职工在教学、科研、管理、生产、生活、娱乐等各个领域的相互作用中共同创造的各种具有校园特色的、能够客观反映学校生活主体追求的物质、制度、精神、行为等方面的成果的总和。[①]

校园体育文化是指校园内所呈现的一种特定的体育文化氛围，是以校园为空间，以师生参与为主体，以身体练习为手段，以多种多样的体育锻炼项目为主要内容，以校园精神为主要特征的一种群体文化。[②]

① 姜志明，樊欣.大学校园体育文化研究[M].北京：中国林业出版社，2010.

② 章罗庚.校园体育文化导论[M].长沙：湖南大学出版社，2009.

二、校园体育文化的结构

校园体育文化不仅包括体育设施、体育活动、体育竞赛等表层内容，还包括体育规则、体育制度等中间层内容，同时还包括体育意识、体育观念、体育道德、体育风尚、体育精神等深层内容。校园体育文化的结构如图6-1和图6-2所示。

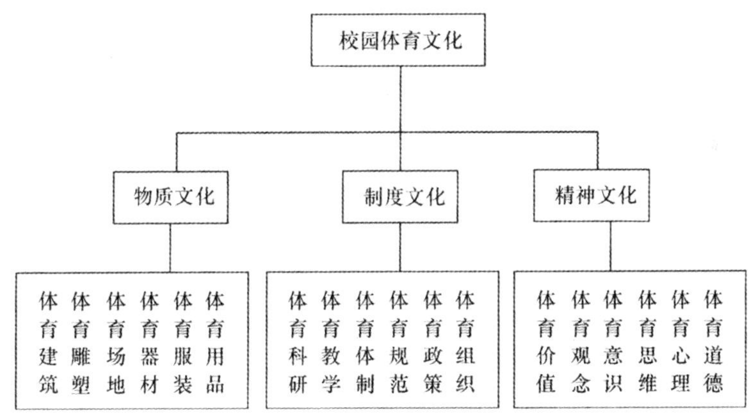

图6-1　校园体育文化的结构要素①

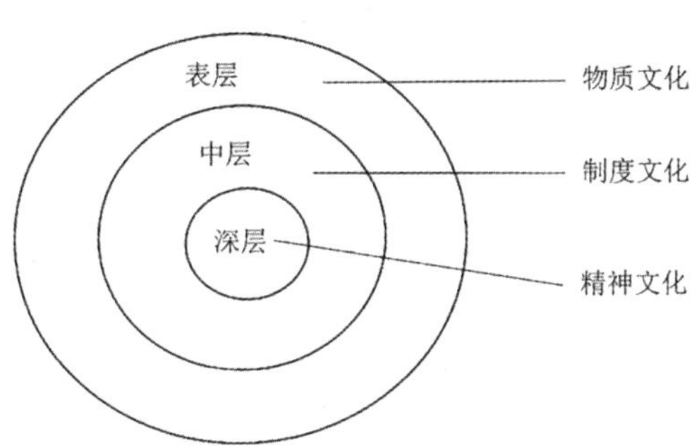

图6-2　校园体育文化的结构关系②

① 章罗庚.校园体育文化导论[M].长沙：湖南大学出版社，2009.

② 郜雁铭.河北省高等师范院校校园体育文化现状及发展对策研究[D].石家庄：河北师范大学，2018.

（一）物质文化

校园体育物质文化表现为体育运动的形式、体育设施等可感知的形态，这些形态形成了特有的校园文化景观。物质是体育文化的基础条件和客观保障，包括体育场地器材、体育教材、体育师资等内容。

（二）制度文化

校园体育制度文化是学校体育的综合形态，包括组织、政策、体制、规则等内容，是介于物质文化和精神文化之间的层次，是校园体育文化建设的保障。校园体育制度与方法既是校园体育的组织形式，也是体育意识的体现，它涵盖了体育教学、课外体育活动、体育科研、运动队管理、体育组织机构、业余体育竞赛等全方位制度、方法的确立。

（三）精神文化

校园体育精神文化指的是体育健康观、价值观，它是校园体育文化的本质与核心，决定了校园体育文化的目标，其具体包括体育价值观、体育审美观、体育意识形态、体育思维模式、体育心理等。这些内容构成了校园体育文化的“软件”资源。

三、校园体育文化的功能

（一）健身功能

校园体育文化是学校独特的文化现象，学校体育的发展对促进学生健康具有重要意义。体育不但能够提高和改善学生中枢神经系统的功能和工作效率，而且能提高学生的记忆力与思维能力。学生在体育锻炼中血液循环加快，心脏功能增强，呼吸系统也能得到改善。总之，学生科学参与体育活动有助于增强体质，为学习与将来工作打好健康基础。

（二）娱乐功能

校园体育文化是学生校园生活的调节剂。学生在紧张的学习之余适当进行体育锻炼，有利于消除疲劳与紧张，恢复体力、脑力，以保持良好的精力与心情去投入后面的学习中。学生喜闻乐见的体育娱乐形式有体育舞蹈、健美操、球类运动等，这些娱乐活动丰富了学生的精神文化生活，也使校园体育文化的内涵更加丰富、深刻。

（三）审美功能

审美功能是推动人类发展的内动力。丰富多彩的体育文化使人们在体育实践中发现美、欣赏美、体验美、创造美。丰富的校园体育文化可以填充学生精神世界的空缺，从而提高学生的精神境界。健康而多元化的校园体育文化活动为广大学生提供了展示自身力量与不断创新的平台，使学生获得多元的深刻体验，并使学生认识到如何通过美的规范来将自己塑造成具有“美感”的人。

第二节　校园体育文化建设概况

校园体育文化包括体育物质文化、制度文化和精神文化，下面主要从这三方面来分析我国高校校园体育文化建设的基本情况。

一、校园体育物质文化建设概况

（一）体育经费

充足的体育经费是进行体育文化建设的基础条件和物质保障。我国主要根据高校体育发展的具体需要分配体育经费，高校体育经费主要用于建设与修缮体育场地、购买与维护体育器材、添置体育图书音像资料和体育服装、举办体育赛事等。由于高校体育工作任务繁重，需要花钱的地方很多，而现有体育经费不够充足，因此形成了矛盾。

（二）体育场地设施

高校招生规模不断扩大，而学校体育场地设施资源相对有限，导致体育场地设施的人均占有率少，从而影响了高校体育教学的组织实施及课外体育活动的开展。另外，部分高校的体育场馆在课余时间不向学生开放场馆，导致学生参加课外体育活动的需求得不到满足。

（三）体育运动器材

随着高校领导对体育设施建设的重视和投入力度的增加，高校体育器材设施条件逐步得到改善，基本可以满足体育教学和运动训练的需要。但也有部分学校因为经费短缺而导致体育器材配备不足，不仅影响了大学生参与课外体育活动的积极性，甚至还无法满足正常体育教学之需。

二、校园体育制度文化建设概况

（一）体育制度

从我国高校体育制度文化建设情况来看，高校比较重视大学生体质测试和体育竞赛活动的开展，有关部门对此进行广泛宣传。但高校体育规范、体育奖惩机制等体育人文制度建设没有受到应有的重视。高校关于大学生体育文明规范制度及大学生课外体育活动制度的建设也普遍处于缺失状态，严重影响了课外体育活动的有序开展。

（二）体育管理体制

高校体育传统管理体制使大学生受到多方面的约束与限制，影响了大学生参与体育活动的积极性，制约了大学生的个性化发展和全面发展。一些高校的课外体育活动流于表面形式，有组织有规模的体育活动较少。而且高校相当部分体育组织是由大学生自发建立的，但缺乏完善的管理制度，导致体育组织管理不当，体育组织运行困难。总之，高校体育管理体制有待健全和完善。

三、校园体育精神文化建设概况

（一）体育观念

随着高校精神文明建设的不断发展，很多大学生形成了正确的体育态度和体育观念。但很多大学生的体育观念缺乏深度，忽视了体育的情感价值、个性培养价值、德育价值等深层价值，缺乏对这些深层价值与意义的理解和体会。

（二）体育风尚

大学校园应该是朝气蓬勃，积极向上，充满生机活力的，是勇于实践和敢于创新的。充分发挥体育精神文化的作用，尤其是体育道德风尚的作用，有助于创建这样一个理想的校园环境。然而，从当前大学生体育意识薄弱，体育行动不积极，尚未养成良好运动习惯的现实问题来看，高校体育行为风尚不够普遍，缺乏相对稳定性。

总的来说，我国高校校园体育文化建设虽然取得了一定的成绩，但依然存在不少矛盾与问题，上述分析使我们更加清楚当前我国高校校园体育文化建设存在的问题和不足之处，从而为我们立足现实来解决矛盾与问题，促进校园体育文化建设与发展提供了客观依据和现实参考。

第三节　校园体育文化传播路径

一、校园体育文化传播的主要实施路径

（一）拓展宣传途径

传播校园体育文化对促进学生的全面发展和推动体育文化的繁荣发展都有重要意义。要进一步推动校园体育文化的传播，就要加强对校园体育宣传途径的拓展。我们正处于信息时代，在这一背景下除了可以采用传统方式如讲座、校报等传播校园体育文化外，还可以将信息技术和互联网资源充分利用起来促进宣传途径的拓展，如利用有影响力的网络平台、相关微博、微信

公众号来宣传校园体育文化，利用校园网来创建校园体育文化宣传版块，举办丰富多彩的线上线下体育文化活动，扩大校园体育文化的影响力。在校园体育文化传播中注重对学生体育兴趣的培养，开展能够满足学生需求的体育文化活动，使学生在自身需求、兴趣爱好得到满足的基础上主动向其他同学传播校园体育文化。扩大传播主体规模，提升传播范围和影响力。

（二）加强体育社团建设

体育社团是常见的一种校园体育组织，具有自发性，即由学生自发组建而成。学校体育社团将全校有共同兴趣爱好的学生聚集起来，营造了良好的校园体育氛围。在学校体育社团中，社团成员来自不同的班级、年级或院系，但他们有共同语言，即共同的体育兴趣爱好，这成为他们彼此联系和相互交流的“资本”。很多学生在体育社团中结交了好友，锻炼了体育能力和社交能力。

体育社团常常开展丰富的校园体育活动，对非社团成员产生了很强的吸引力，使一些本来处于观望状态的学生也纷纷加入社团，体育社团规模不断壮大。学校体育社团举办的多元社团活动对培养学生的综合素质起到了潜移默化的作用，如培养学生勇敢顽强、拼搏进取的精神，挖掘学生的运动潜能和提升学生的运动能力，锻炼学生的社交能力和解决问题的能力等，这些积极作用使体育社团受到学校领导的重视和支持，得到学校其他自发性组织的认可，得到广大学生的信任，久而久之，逐渐成为传播校园体育文化的重要阵地。

（三）组织“线上+线下”体育活动

随着校园体育的不断发展，学生的体育需求越来越多元，需求层次也越来越高，传统校园体育活动已经不能满足广大学生的需求。传统校园体育活动以线下活动为主，对场地设施、参与时间、经费等有一定的要求，消耗的物力、财力和人力等资源较多，而且限制参赛人数。如果在线下过度开展校园体育文化活动，会导致学生的学习受到影响，同时也会给学校有关部门造成一定的压力，对此，应适度组织线下体育活动，同时积极开发与设计线上体育活动，将传统线下体育活动和创新性的线上体育活动有机结合起来，更好地满足学生参与体育活动的需求，同时节约成本，避免学生的文化学习时间受到影响。线上体育活动的常见形式有微信运动、体育知识竞赛等，开发丰富多彩的线上体育活动有助于促进体育文化观念的传播，实现校园体育文化资源的共享，培养学生的良好运动习惯，提高体育文化的传播效率和传播效果。

二、新媒体时代背景下校园体育文化的传播策略

在新媒体时代，新媒体技术应用范围极广，新媒体传播已渗透到校园体育文化中，通过网络来高速传播校园体育文化，具有传播成本低、传播内容广、传播范围大、传播速度快、传播实时性强等特征，这也是新媒体传播和传统媒体传播对比具有的突出优势，充分发挥新媒体传播的作用，对提升校园体育文化传播效率具有重要意义。

下面具体分析校园体育文化在新媒体时代背景下的主要传播策略和建议。

（一）正确筛选传播内容

运用传统纸媒进行文化传播时，对传播内容的筛选比较严格，要经过多重把关来确定传播内容，最终正式刊登和发行，虽然成本较高，也比较耗时，但保证了传播内容的科学性、准确性，使文化传播更加严谨。而在新媒体时代，社会上出现了众多的信息传播渠道，人人都能通过互联网来传播信息，网上信息鱼龙混杂，真假难辨。为了防止不良信息对学生身心健康造成恶劣的影响，利用新媒体资源传播校园体育文化时，要加强筛选，将不利于学生健康的信息及时删除，同时还要引导学生辨别信息的真伪，判断信息质量的高低，使学生自觉筛选有利于自己身心健康的信息，

屏蔽那些不良信息。

（二）拓展传播渠道，形成校本特色

很多学校利用新媒体进行文化传播时，主要传播的是优秀学生取得的成绩、学校重要事迹、考试信息以及重要的文化知识信息等，而有关体育节目的宣传比较少，宣传力度较弱，这便阻碍了学生学习体育知识和感受体育文化的道路。要充分发挥新媒体在传播校园体育文化方面的作用，充分发挥校园体育文化对促进学生健康和全面发展的重要功能，学校应采用新媒体资源创建体育专栏，对重大体育信息要实时更新，并设置解疑版块，由体育尖子生或体育骨干去帮助学生解答疑问。学生体育专栏上也可以发布校园体育文化建设的相关信息，鼓励学生留言，谈谈感受，提出建议，定期收集反馈，以不断完善传播工作。

（三）在传播中实现教育价值

校园体育文化具有重要的育人价值，主要表现为健康价值、德育价值、智育价值、美育价值等多个方面，加强校园体育文化建设，传播优质体育文化，对促进学生身心健康、智力发展及培养学生的道德品格、审美素养等都有重要价值和意义。校园体育文化的教育价值应在传播中逐步实现，使文化传播更有意义。因此，学校应不断扩大体育文化传播范围，精选传播内容，创新传播方式，提升传播效果，使校园体育文化的强大育人价值在传播中得以实现，这样不但对学生成长和发展有益，而且能够提升体育文化的口碑，赢得社会的普遍认可和支持。

（四）加强对移动媒体的运用

新媒体传播形式中，移动媒体传播方式的应用非常普遍，如利用智能手机进行便捷式传播。智能手机是现代人生活的一部分，满足了人们社交、娱乐、学习等多元需求。这一通信工具普及度很高，人们利用智能手机既能及

时发布信息、传播信息，又能第一时间接收信息。利用智能手机的便捷、快速、可移动等特性，学校可创建自己的校园公众号，在手机终端上发布一些和本校体育文化相关的重要信息，或发布一些普及性的体育知识、体育新闻热点，方便学生阅读、浏览和学习。此外，还可以建立体育交流群，为学生分享信息、沟通交流提供便捷式平台。

第四节　新时期校园体育文化建设与发展的建议

一、新时期校园体育文化的全方位建设

（一）夯实校园体育物质文化建设

校园体育文化建设的重点在于对体育场地器材等基础设施的建设。为了延长校园体育基础设施的使用寿命，学生应专门设置专门人员来维护和管理体育场馆设施，及时维护陈旧的、存在一定风险的体育设施，保证现有器材的正常使用，保障学生使用时的安全。

针对学校体育场地不足的普遍性问题，应对现有体育设施资源的功能进行深入挖掘，发挥基础设施的多元功能，对场地设施进行合理化的一场多用，提升场地利用率，最大化地发挥场地的价值。对于封闭性的体育场馆，应适当实行开放政策，延长开放时间，使学生在课余时间或节假日可以比较自由地进入体育场馆来参与活动，满足学生的基本需求。

此外，要改善学校体育场地、器材等基础设施不足的现状，还应加大资金投入力度，根据学校体育教学、体育训练、体育竞赛等各项体育活动开展

的需要修建新场地，购置新设施，以充分满足各项体育活动开展的需要，提升体育教学、训练和竞赛的效率与水平。

（二）强化校园体育制度文化建设

校园体育制度文化位于校园体育文化体系的中间层，是连接校园体育物质文化与校园体育精神文化的重要纽带，强化校园体育制度文化建设具有重要意义。在这方面的建设中，应对国家和地方相关体育政策予以遵循，在此基础上从本校实际出发对各项体育规范进行制定，最终制定的体育规范应是学校体育工作人员及体育师生都必须严格遵守的。确定好各项体育规范后，要切实落到实处，严格遵守，严厉执行。

不管是组织体育课堂教学，还是运动队训练和比赛，抑或是对学校体育资源进行管理，都必须遵守相关制度和规范，如体育课上要遵守课堂规范制度，严明课堂纪律；学校运动队训练和比赛要遵守训练要求、比赛规则；对体育场馆、体育经费、体育人力资源等进行管理要遵守相应的管理条例。无规矩不成方圆，只有时刻遵守规则，按规定办事，才能更好地促进校园体育文化系统的运作，对各项体育工作进行有效管理，同时也能够培养学生遵纪守法、按规则办事的意识和能力。

（三）激活校园体育精神文化建设

校园体育文化建设是贯彻素质教育理念、实施素质教育的重要途径之一。校园体育精神文化是校园体育文化的核心和本质，精神文化的建设情况直接决定校园体育文化的层次和水平，因此必须将这一核心文化的建设重视起来。在素质教育理念下激活校园体育精神文化建设，有助于激励学生进步，培养学生的精神品质，促进学生全面发展。

在校园体育精神文化建设中，要重点培养学生的体育精神和综合素质，用“更快，更高，更强，更团结”的奥林匹克格言来激励学生前进，使学生在体育精神文化的熏陶下顽强拼搏，磨练意志，积极进取。校园竞技体育文化活动对培养学生的体育精神具有重要意义，开展公平竞争的竞技体育活动应成为校园体育精神文化建设的重要组成部分之一。为了更好地激发学生对体育的热情，促进学生体育精神的塑造，有条件的学校可以邀请优秀体育运动员来校参加面对面交流活动或开展讲座，或与普通学生一起参加友谊赛，使学生近距离感受竞技体育的魅力，获得启发，实现体育精神和内在品质的升华。

二、新时期校园体育文化的发展策略

（一）树立“以人为本”的体育文化理念

从文化教育的角度来看，学校是其中重要的文化教育场所和主要阵地，它既是体育文化的组织者，同时也是体育文化的重要承载者，因此，在校园体育文化建设方面，学校扮演着非常重要的角色，应充分发挥体育文化和体育活动的积极作用，帮助大学生提升综合素质，得到全面发展。

由此可见，学校可以将体育项目同相对应的传统文化结合起来，实现体育特色项目的全覆盖，同时遵循以生为本的教育理念，结合学生的认知程度和具体兴趣，对相关教学内容进行适当的调整。此外，学校可以通过搭建体育文化交流平台或论坛，以利于学生借此进行体育文化知识的交流和学习，同时就体育文化向学校提出具有建设性的意见。

（二）加强校园体育文化的渗透，促进校园体育文化传播

校园体育文化具有传播性、稳定性。在师生群体间传播校园体育文化有助于积极影响师生的体育意识、体育行为以及精神世界。校园体育文化传播也就是在多方面促进体育文化在学校的渗透，具体可采用的渗透方式如图6–3所示。

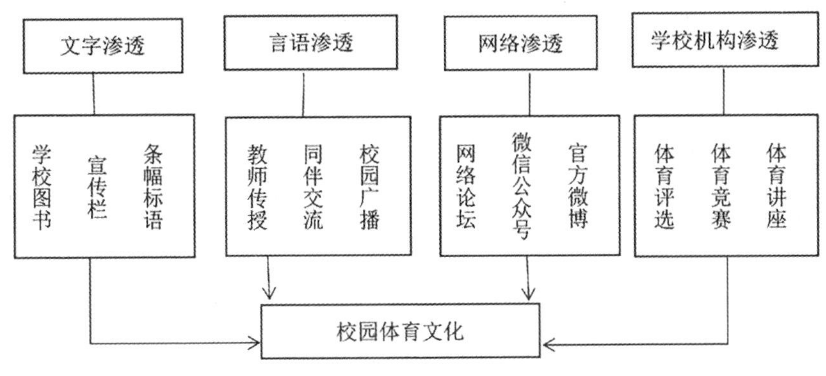

图6-3　校园体育文化的渗透方式①

1.文字渗透

文化渗透也是校园体育文化渗透中很普遍的一种方式，其具有渗透范围广、全面展现校园体育文化的优势。

2.言语渗透

这是一种最为常见的渗透方式，运用手口相传的言语渗透方式进行校园体育文化的传播与渗透，能够充分表达体育文化的内在情感。

3.网络渗透

这种传播渗透方式具有实时性、创新性，其优势在于渗透范围广，速度快，吸引力强，尤其能够吸引青少年学生的关注，是非常具有时代意义和现实意义的一种体育文化传播方式。

4.学校机构渗透

在校园体育文化传播中学校机构渗透所发挥的作用举足轻重，不可替

① 郜雁铭.河北省高等师范院校校园体育文化现状及发展对策研究[D].石家庄：河北师范大学，2018.

代。校园体育活动有些是学生自发组织的，而规模较大的活动往往是由学校体育部门筹办的，这类活动组织性和目的性更强，对营造良好的校园体育文化氛围也有重要意义，能够为校园体育文化的持续发展提供动力。

（三）创建校园体育文化传播机制和校园体育文化品牌

在校园体育文化的构建方面，体育文化传播场景的多元化创建是其中非常重要的方式之一，需要教师和学生的共同参与。对于学校而言，所要构建的校园体育文化必须要在师生之中产生共鸣，同时要具备与校园文化相适应的传播体系，通过具体的体育教师实践和比赛，来对体育文化及相关知识进行大力宣传。通过组织举办各类体育活动，向学生介绍和普及相关的体育文化，在潜移默化中进一步增加体育文化的深度。

与此同时，结合育人标准，学校应积极营造良好的体育活动和体育学习的氛围，增强学校软实力。

（四）发挥特色优势，促进学生全面发展

体育经历了从挑战自我、追求人的身心协调和全面发展到追求竞技的人性化、人类文化的多元和谐、人与自然的和谐共存的历史演变。体育既是强身健体，呈现一种宏达的场面，更是为了促使人得到全面、自由的发展，最大限度地尊重人个性化发展。

如今，以人为本成为体育文化发展的重要理念，在校园体育文化中，学校学生便是其中的主体，所以对于学校体育文化而言，其发展的主要趋势之一便是以学生为本的体育发展。所谓以学生为本，就是围绕学生的健康发展，通过对学校的优势和特色体育项目进行充分利用，针对全体学生，根据学生的具体项目及爱好，发展体育，以促使每一个学生做到扬长避短，得到最优的发展。

学校在对体育课程或体育社团进行组织和开设时，对于男女生应有所区别，应尽量多地向男生提供一些耐力、对抗性较强的能够很好地展示体育魅力的运动项目，向女生多提供一些隔网类、舞蹈类、技巧类等效果好、运动

强度小的运动项目。此外，各学校应结合当地特色和优势，来对校本课程进行研发，充分利用现有的体育资源，增加具有较强趣味性、吸引力和特色的运动项目，保证每一个学生都能根据自己的喜好选择相应的体育课程和体育社团，并从中获得相应的体育技能和知识。

对于体育文化而言，学校除了具有整理、筛选、保存和传递功能外，同时也具有选择、更新、提升和创造的作用。学校体育文化也会随着各学校的发展而得到不断发展。所以，学校应对自身的校园体育文化进行筛选和整合，让优秀的校园体育文化得以保存下来，并以此为基础进行改进和提升，从而更好地适应现代社会的高速发展，并满足学生的需要。

参考文献

[1]王春.体育文化传播教程[M].沈阳：东北财经大学出版社，2017.

[2]石龙，王桂荣，刘海英.奥林匹克文化概论[M].上海：上海交通大学出版社，2018.

[3]赵锡凌，汪军锋，党黎明.体育文化研究[M].哈尔滨：东北林业大学出版社，2008.

[4]胡小明，虞重干.体育休闲娱乐理论与实践[M].北京：高等教育出版社，2004.

[5]许敏雄.竞技体育强国之路[M].北京：光明日报出版社，2012.

[6]姜志明，樊欣.大学校园体育文化研究[M].北京：中国林业出版社，2010.

[7]章罗庚.校园体育文化导论[M].长沙：湖南大学出版社，2009.

[8]李繁荣.民族传统体育文化及其传承研究[M].济南：山东大学出版社，2014.

[9]苏航.民族传统体育文化传承创新研究[M].南昌：江西科学技术出版社，2017.

[10]刘少英.民族传统体育学[M].北京：民族出版社，2011.

[11]孙洁.体育文化研究的多向度审视[M].天津：天津科学技术出版社，2020.

[12]张明波.学校体育文化研究[M].北京：光明日报出版社，2017.

[13]徐冬园，姚强.对新媒体时代下体育文化传播方式的分析[J].体育科技，2015，36（1）：13–14.

[14]袁静.新媒体时代体育文化传播策略创新浅析[J].新闻爱好者，2018（12）：89–91.

[15]何毅萍.新媒体时代强化体育文化传播策略研究[J].湖北开放职业学院学报，2020，33（17）：103-104.

[16]于可红，张俏.世界一流大学与体育文化互动发展研究[M].杭州：浙江大学出版社，2015.

[17]肖焕禹.发挥媒介体育文化传播功能，推动体育文化繁荣发展[J].体育科研，2012，33（1）：22-26.

[18]张诚，赵闯.体育文化的传播途径与功能价值[J].传媒观察，2014（6）：33-35.

[19]肖焕禹，方立.奥林匹克运动跨文化传播价值及其发展策略[J].上海体育学院学报，2008（2）：20-23.

[20]胡容娇.中国奥林匹克文化发展战略研究[J].体育世界（学术版），2010（6）：102-103.

[21]吴忠义，高彩云.现代奥林匹克运动及其在中国的发展[J].肇庆学院学报，2008（2）：72-75.

[22]张晓白.现代奥林匹克运动的挑战与发展[J].当代体育科技，2014，（24）：176，178.

[23]张立燕.文化认同视角下的奥林匹克文化发展[D].济南：山东师范大学，2015.

[24]李培庆.理想与冲突：论现代奥林匹克运动发展之现实困境[J].广州体育学院学报，2010，30（4）：11-15.

[25]苏凯.冬奥会背景下冰雪体育文化自信发展研究[J].冰雪体育创新研究，2021（3）：25-26.

[26]李岫儒，柴娇.冰雪体育文化传播的意义及路径[J].体育文化导刊，2019（8）：43-47，53.

[27]郭聪.冰雪体育文化传播的意义与路径研究[J].冰雪体育创新研究，2021（20）：41-42.

[28]苏进.新型城市化下城市休闲体育文化的发展[J].体育成人教育学刊，2015，31（1）：42-44.

[29]罗正琴，黄正廪，丁勇."农家乐"休闲体育与新农村文化建设[J].遵义师范学院学报，2012，14（5）：126-129.

[30]李华梅.我国休闲体育的发展及趋向[J].中国市场，2015（36）：71-72.

[31]余佩.我国休闲体育的发展前景分析[J].赤子（上中旬），2014（22）：119.

[32]乔峰.共生理论视角下竞技体育与大众体育协同发展研究[J].南京体育学院学报（社会科学版），2017，31（1）：79-84.

[33]王霞.我国竞技体育发展现状与可行性建议[J].当代体育科技，2019，9（35）：236-237.

[34]李佳亮.中国竞技体育发展现状及对策研究[J].体育研究与教育，2013，28（S2）：19-21.

[35]佟小玲.新媒体时代校园体育文化传播现状及方法策略探析[J].才智，2019（11）：133.

[36]曹曲岩，姚大为.新时代校园体育文化传播的重要性及实施路径研究[J].边疆经济与文化，2020，200（8）：81-82.

[37]郜雁铭.河北省高等师范院校校园体育文化现状及发展对策研究[D].石家庄：河北师范大学，2018.

[38]丁兆雄.刍议提升民族传统体育文化"软实力"的途径与对策[J].才智，2016（10）：244.

[39]王泽雨.民族传统体育文化发展境遇与应对策略研究[J].大学，2021（21）：134-136.

[40]荆雯，赵洁，李洋.论民族传统体育文化的发展[J].体育成人教育学刊，2020，36（4）：91-94.

[41]杨春.我国民族传统体育文化国际传播的问题与对策研究[J].中华武术（研究），2019，8（8）：76-78.

[42]江纪英.全球化环境下民族传统体育的国际交流及传播[J].运动精品，2019，38（12）：78-79.

[43]文彩凤.我国少数民族传统体育文化的国际传播研究[J].当代体育科技，2021，11（11）：184-187.

[44]涂传飞，余万予，钞群英.北京奥运会后继效应初探——论中国传统体育文化与奥林匹克运动的互动发展[J].北京体育大学学报，2005（11）：

15–17.

[45]朱慧芳，张丽君，马晓蔚.冲突与融合——中国传统体育文化与奥林匹克运动文化的互动发展[J].搏击（体育论坛），2011，3（1）：18–20.

[46]陈中华.论民族传统体育文化遗产保护[J].福建茶叶，2019，41（1）：322–323.

[47]朱亚成，石牙牙，张青，等.文化自信视域下中华民族传统体育文化传承研究[J].西北民族大学学报（自然科学版），2021，42（4）：46–49，88.

[48]“提升我国体育文化软实力核心问题研究”课题组.中国体育文化软实力及其提升[M].北京：科学出版社，2015.